小公司竞争术

情报战和运动战是你以弱胜强、以小搏大的法宝

赵涛 赵彦锋◎著

江西美术出版社
全国百佳出版单位

图书在版编目（CIP）数据

小公司竞争术 / 赵涛, 赵彦锋著 . -- 南昌 : 江西
美术出版社, 2020.3
ISBN 978-7-5480-7426-7

Ⅰ.①小… Ⅱ.①赵… ②赵… Ⅲ.①中小企业—企
业竞争—研究—中国 Ⅳ.① F279.243

中国版本图书馆 CIP 数据核字（2020）第 027149 号

出 品 人：周建森
企 　 划：北京江美长风文化传播有限公司
策 　 划：北京兴盛乐书刊发行有限责任公司
责任编辑：楚天顺　李小勇
版式设计：尹清悦
责任印制：谭　勋

小公司竞争术
XIAO GONGSI JINGZHENG SHU

著 　 者：赵　涛　赵彦锋

出 　 　 版：江西美术出版社
地 　 　 址：江西省南昌市子安路 66 号
网 　 　 址：www.jxfinearts.com
电子信箱：jxms163@163.com
电 　 　 话：010-82093808　　　0791-86566274
邮 　 　 编：330025
经 　 　 销：全国新华书店
印 　 　 刷：北京柯蓝博泰印务有限公司
版 　 　 次：2020 年 3 月第 1 版
印 　 　 次：2020 年 3 月第 1 次印刷
开 　 　 本：710mm×960mm　1/16
印 　 　 张：13
ISBN 978-7-5480-7426-7
定 　 　 价：49.80 元

前　言

小公司是指注册资金少、人员少、销售额少、产值少的公司。在"大众创新，万众创业"的今天，很多人投身商海，走上了创业的大道。通过注册公司资质、"招兵买马"等一番准备工作，一家小公司问世了。但是对于如何经营公司，如何在强手如林的市场中寻求一席生存之地，让公司顺利地扬帆起航，在商海中乘风破浪，很多小公司的管理者却感到力不从心，未来渺茫。

商场如战场，在当今的商场环境中，竞争如同家常便饭。商场竞争，虽不见战场上的刀光剑影、烈火硝烟，但明争暗斗、弱肉强食的激烈程度丝毫不亚于战场。

商场不相信眼泪，也不同情弱者，优胜劣汰是商场竞争的铁律。在这看不见硝烟的商战中，小公司没有别的选择，只有奋起迎战，勇敢地与对手展开竞争，才能博得生存机会，开辟生存空间。

靠什么竞争？靠产品？靠销路？靠资源？靠客户？都是，又都不是。因为这些不过是开展竞争的工具和途径。真正靠的是智慧，是谋略，是运用这些工具的策略和战术。竞争的背后，是智慧的较量，是胆略的博弈，是战术的对垒。

大公司兵多将广、财大气粗、实力雄厚，小公司人少钱少、势单力薄，难与大公司进行硬碰硬的正面交锋。如果小公司拿自己的短处去与大公司硬拼，就好比拿着鸡蛋碰石头，试想一下能成功吗？所以小公司竞争要善于避开对手的锋芒，才有获胜的希望。美国著名的《连线》杂志主编凯文·凯利就曾指出："如果小公司跟大公司交锋，不要从正面作战，一定要从侧翼作战。"

现实中，我们看到很多家野心勃勃的小公司，规模还很小，资源、人才也很少，就想去利润高、前景好、市场大的领域淘金，这无疑是错误的决定——越是富矿，越会聚集更多的竞争者，而缺少资源支撑的小公司过去了只能是被绞杀。

那么小公司在市场上就没有竞争力了吗？并非如此。

虽然大公司优势很多，但小公司也有小公司的长处，比如精巧、快速、灵活、高效。再比如小公司好转向。另外，还有大公司做不到的专注，这可以使小公司在一些细分领域做出很好的成绩，因为大公司规模太大了，必须考虑规模效益。所以小公司不要一味地妄自菲薄、踯躅不前，也不要不自量力、轻敌冒进，而是要结合自身和对手的实际情况，做到知己知彼，抓住关键要素，制定精简、机动、灵活的战术，由点到线，由线及面，找准机会在对手最薄弱的环节发起攻击，就可以出奇制胜，战胜对手。

当今社会，市场形势发生着日新月异的变化，公司之间的竞争变得越来越激烈，大大小小的公司都想在市场上占据更多的地盘，以获取更多的利润。面对瞬息万变的市场、如狼似虎的对手，小公司要慎重行事，有时一个环节的疏忽、一个战术的失误，就会让自己陷入被动，被对手打败，甚至会被对手挤出市场，再无翻盘的机会，可谓"一招不慎，满盘皆输"。

　　小公司如何应对市场挑战？如何与对手进行较量？如何成为竞争中的胜利者？本书结合小公司的实际情况，立足当前市场形势，梳理了小公司在竞争中要面对和解决的各种问题，从自身和对手分析、情报的收集、防御战、速度战、奇袭战、游击战、如何做到与对手既竞争又合作等方面，提供了一系列灵活、高效的竞争策略和战术，为小公司顺利开展竞争指明了一条捷径。

　　不论市场多复杂，不论对手多强大，只要方法得当、战术精准，小公司一样可以小搏大，以快打慢，以弱胜强！

目 录

Contents

第一章 打好竞争第一仗，知己知彼百战不殆

小公司竞争，从知己开始　// 002

SWOT分析法：为竞争指点迷津　// 004

擦亮眼睛，找到自己的竞争对手　// 007

知己更要知彼，分析竞争对手　// 009

对竞争对手的竞争目标要了如指掌　// 012

竞争对手的优势是什么？劣势是什么　// 014

解剖竞争对手，寻找反击点　// 016

选择"最佳战场"与对手交战　// 018

对潜在的竞争对手不可掉以轻心　// 020

警惕替代品，堇防被"更新换代"　// 022

"好"的竞争对手是小公司的明镜　// 024

第二章　情报侦探术，洞穿迷雾竞争长袖善舞

买卖赔与赚，行情占一半　　// 028

小公司搏击商海，要靠情报取胜　　// 029

要想竞争赢，必须情报灵　　// 031

小公司收集商业情报的五大渠道　　// 032

收集与竞争对手息息相关的情报　　// 036

从哪里收集竞争对手的情报　　// 038

情报不在多，贵在"精"　　// 039

过滤情报，筛选出有效情报　　// 041

情报就是推销员，让产品插上翅膀　　// 043

捕捉情报，挺立竞争的风口浪尖　　// 045

第三章　壁垒防御术，保护自己的"金饭碗"

小公司竞争，防御重于进攻　　// 048

先保护好自己，再伺机进攻　　// 049

构建竞争壁垒，竖起防御屏障　　// 051

兵来将挡，水来土掩，积极迎战　　// 053

小公司开展防御战术三原则　　// 055

小公司实施地点防御战术的要点　　// 056

小公司实施机动防御战术的要点　　// 059

小公司实施侧面防御战术的要点　　// 061

阻击防御，给竞争对手迎头痛击　　// 062

产品阻击，保护公司的"口粮"　　// 063

促销组合阻击，变防为攻　　// 065

价格阻击，不让竞争对手占便宜 // 066

及时撤退，重整旗鼓寻找新战机 // 069

第四章　抢占先机术，以快打慢，快鱼吃慢鱼

"先下手为强，后下手遭殃" // 074

商海只适于快鱼生存 // 075

做一只"快鱼"，畅游市场的海洋 // 077

小公司竞争要做到"先、快、抢" // 079

速度！速度！还是速度！ // 081

"闪电战"，打对手一个措手不及 // 083

以迅雷不及掩耳之势出击 // 086

抓住有"利"可图的一切机会 // 088

决策前慎之又慎，决策后坚决果断 // 090

小公司的管理者要培养决策果断的习惯 // 092

第五章　出奇制胜术，奇正相变，蚂蚁绊大象

出其不意，用奇招出奇制胜 // 096

奇正相变，变化多端让对手难以捉摸 // 098

声东击西，制造假象诱对方上当 // 101

欲擒故纵，放长线钓大鱼 // 103

暗度陈仓，麻痹对手暗中取胜 // 105

假途伐虢，借对方地盘做自己的生意 // 109

虚张声势，拉大旗做虎皮 // 112

浑水摸鱼，"搅浑"市场得渔利 // 115

实则示虚，放烟幕弹吓唬对手 // 117

"商不厌诈"，布迷魂阵迷惑对手　//　119

第六章　游击骚扰术，以小搏大以弱胜强

游击战助小公司以弱胜强　//　124

见缝插针，乘虚而入占领市场　//　126

围魏救赵，避实击虚迂回攻击竞争对手　//　129

打草惊蛇，投石问路一招制敌　//　131

釜底抽薪，切断竞争对手的生路　//　134

"顺手牵羊"，看着火候"占便宜"　//　136

以毒攻毒，"以其人之道，还治其人之身"　//　139

巧打柔道，借力打力"扳倒"竞争对手　//　141

以逸劳胜，牵着对方的鼻子走　//　143

远交近攻，分化瓦解各个击破　//　146

第七章　合作博弈术，携手共进把蛋糕做大

同行一定是"冤家"吗　//　150

昔日是"冤家"，今日是"亲家"　//　152

与竞争对手共舞，共存共赢　//　154

竞争不必你死我活，可以你活我活　//　156

竞争双赢的通途是正和博弈　//　157

"吴越同舟"，与竞争对手携手共渡难关　//　160

与竞争对手结盟，建立"统一战线"　//　162

他山之石可攻玉，向竞争对手学习　//　165

做同行表率，对恶性竞争说"不"　//　166

第八章　突围竞争红海，开创碧海蓝天的蓝海

血腥的红海时代，路在何方　//　170

由血流成河的红海转向碧海蓝天的蓝海　//　172

变革思维，在红海中勇于突围　//　174

挖掘自身优势，开创生存蓝海　//　176

在商海中做一条反向游泳的"鱼"　//　179

灵活变通，东方不亮西方亮　//　181

将目光投向还没有饱和的市场　//　184

个性化竞争，让自己独领风骚　//　186

剑走偏锋，开辟竞争新战场　//　188

打破教条，树立创新竞争思维　//　190

创新为王，激活创新力升级竞争力　//　193

第一章

打好竞争第一仗，

知己知彼百战不殆

商场如战场，竞争的战鼓震天响。市场不相信眼泪，不同情弱者，面对竞争，小公司唯有挺身迎战，才能赢得一线生机。

如何竞争？从哪里开始竞争？对自己了解吗？对对手了解吗？与对手竞争，自己能有多大胜算？正所谓"知己知彼，百战不殆"，先将自己、对手摸个一清二楚，竞争才能有胜算的把握。

�narrowtriangle 小公司竞争，从知己开始

公司之间的竞争和较量，不仅涉及实力和技术方面的竞争，更是勇气和智慧的体现。尤其当势单力薄的小公司与财大气粗的大公司竞争时，更是考验小公司管理者勇气和智慧的时候。

军事上讲究"不打无准备之仗"，市场竞争也是如此。对于小公司来说，与对手进行竞争，首先要做到"知己知彼"。在竞争战斗打响之前，小公司需要做足多方面的准备，这样在竞争过程中才能减少失误，加强胜算的筹码。

"知己"，就要对自身的经营状况了如指掌，对自身的竞争态势一清二楚，不仅知道自己的优势，也要清楚自己的劣势。

不管是新创立的小公司，还是已经在商海打拼多年已有一定市场基础的小公司，在激烈的市场竞争中都需要知道自己的优势和劣势。

那么，小公司如何分析自身的优势和劣势呢？

1. 从市场前景分析

开办公司是一件很艰难的事情，也是一件长远的事情，不是一朝一夕

就能看出胜负的。所以要分析公司的市场前景，未来具备什么样的优势和劣势。

2. 从公司产品方面分析

要知道公司的优势和劣势，就要根据产品因素来分析，如自己的产品质量如何，客户反馈如何，口碑度如何等，都是自己公司的优势和劣势的表现方面。

3. 从技术层面上进行分析

一家公司如果有核心技术人才，具备核心技术产品的话，就占有较强的竞争优势，更容易在与同类公司的竞争中获胜。

4. 从团队方面分析

一家公司除了产品、技术很重要之外，团队也很重要。有什么样的团队就会有什么样的业绩，一家公司的团队能力强、团结协作，公司的优势就会更明显。

5. 从财务状况上分析

资金对于每一家公司而言都是至关重要的一部分，没有一家公司可以离开资金的支撑而存活。所以一家公司在市场上的同类公司中是占有优势，还是处于劣势，都可以从财务状况上分析出来。

6. 商业模式是否不断创新

对于一家公司而言，商业模式关系到公司的发展规模和未来市场的认可度。如果一家公司有好的商业模式，比同类公司更胜一筹的话，那么其优势会更强一些。

7. 公司文化上的分析和判断

有些公司虽然有优良的产品、优异的服务和核心的技术，但公司文化建设不到位，无法促进员工更好地团结一致做业务，这样的公司就没有什么优势可言。

▶ SWOT分析法：为竞争指点迷津

一家公司如果在不了解自身情况和市场深浅的情势下，就启动经营计划，与对手开展竞争，那么将会是非常危险的。盲目出击，结果往往是匆匆上阵，匆匆败归，轻则徒耗人力、物力，劳而无功，大伤元气；重则授人以柄，让对手找到可乘之机，实施致命的一击，使得公司从此一蹶不振，无力东山再起。

对于小公司来说，要想在激烈的市场竞争中站稳脚跟，与大公司相抗衡，就要对自身的经营情况、对对手的行动举措、对市场的最新动态、对行业的政策变化、对客户的消费偏好等各种信息，进行全面、仔细、透彻地分析，在此基础上制定出有针对性、可操作的竞争策略和战术。这是在竞争中取得胜算的先决条件。

那么，又该如何对错综复杂的内外形势进行有效地分析"诊断"，为公司把脉市场、制定竞争策略、占据市场竞争制高点指明一条捷径呢？这里介绍一种SWOT分析法。

SWOT分析法是20世纪80年代初，由美国旧金山大学管理学教授韦里克提出的，经常被用于公司战略制订、竞争对手分析等场合。SWOT是公司竞争策略分析方法，它的意思是：基于内外部竞争环境和竞争条件下的态势分析。SWOT四个字母分别代表的意思是：S（strengths）——优势，W（weaknesses）——劣势，O（opportunities）——机会，T（threats）——威胁。进行SWOT分析时，主要包括以下几个步骤。

1. 分析环境因素

运用各种调查研究方法，分析出公司所处的环境因素，即外部环境因素和内部环境因素。外部环境因素包括机会因素和威胁因素，它们是外部环境对公司的发展直接有影响的有利和不利因素，属于客观因素；内部环境因素包括优势因素和弱点因素，它们是公司在其发展中自身存在的积极和消极因素，属于主观因素。在调查分析这些因素时，不仅要考虑历史与现状，而且更要考虑未来发展问题。

（1）优势，是公司的内部因素。具体包括有利的竞争态势、充足的利润来源、良好的公司形象、技术力量、产品质量、市场份额、成本优势、宣传攻势等。

（2）劣势，也是公司的内部因素。具体包括设备老化、管理混乱、缺少关键技术、研究开发落后、资金短缺、经营不善、产品积压、竞争力差等。

（3）机会，是公司的外部因素。具体包括新产品、新市场、新需求、市场壁垒解除、竞争对手失误等。

（4）威胁，也是公司的外部因素。具体包括新的竞争对手、替代产品增多、市场紧缩、行业政策变化、经济衰退、客户偏好改变、突发事件等。

2. 构造SWOT矩阵

将调查得出的各种因素，根据轻重缓急或影响程度等排序方式，构造SWOT矩阵。在此过程中，将那些对公司发展有直接的、重要的、大量的、迫切的、久远的影响因素优先排列出来，而将那些间接的、次要的、少许的、不急的、短暂的影响因素排列在后面。

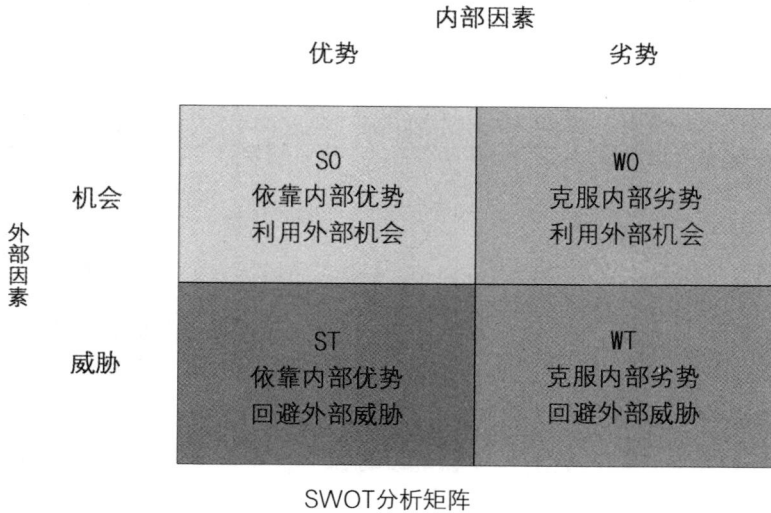

内部因素

	优势	劣势
机会	SO 依靠内部优势 利用外部机会	WO 克服内部劣势 利用外部机会
威胁	ST 依靠内部优势 回避外部威胁	WT 克服内部劣势 回避外部威胁

外部因素

SWOT分析矩阵

3. 制订行动计划

在完成环境因素分析和SWOT矩阵的构造后，便可以制订出相应的行动计划。

制订计划的基本思路是：发挥优势因素，克服弱点因素，利用机会因素，化解威胁因素；考虑过去，立足当前，着眼未来。运用系统的综合分析方法，将排列与考虑的各种环境因素相互匹配起来加以组合，得出一系列公司未来发展的可选择对策。

SWOT分析法的优点在于考虑问题全面，是一种系统思维，而且可以把对问题的"诊断"和"开处方"紧密结合在一起，条理清楚，便于检验。

运用这种方法，小公司可以对竞争对手所处的情境进行全面、系统、准确的研究，从而根据研究结果制定相应的竞争策略、行动计划及竞争战术等。这样一来，就可以帮助公司把资源和力量聚集在自己的强项和有最多机会的地方，在对手最薄弱的环节和忽视的市场实施进攻，打开突破口，最终赢得竞争的胜利。

▶ 擦亮眼睛，找到自己的竞争对手

小公司要想顺利地开展竞争，不仅要做到"知己"，还要做到"知彼"。

通过前文的分析，小公司基本能够做到"知己"了，那么下一步就要"知彼"——了解竞争对手了。

要了解竞争对手，先要知道竞争对手都有哪些类型。

概括起来，竞争对手对市场竞争的反应无非有三种情况：不采取反击行动、防御性反击和进攻性反击。这取决于竞争对手对自己目前位置是否满意，它是否处于战略转变之中，以及同行中的公司对它的刺激程度。

根据竞争对手的反击模式，可以将竞争对手分为以下6种。

1. 坐观事变者

这类竞争对手不立即采取反击行动。其原因可能是深信客户的忠诚度，也可能是没有反击所必需的资源，还可能是并未达到应予反击的程度。所以，对于这类竞争对手就要格外慎重。

2. 全面防御者

这类竞争对手会对外在的威胁和挑战做出全面反应，以确保其地位不被侵犯。但是全面防御也会把战线拉长，对付一个竞争者还可以，若是同时要对付几个竞争者的攻击，则会力不从心。

3. 死守阵地型反击者

这类竞争对手因为其反击范围集中，而且又有背水一战拼死一搏的信念，所以反应强度相当高。这类反击行动是比较有效的。又因为是集中在较小范围内的反击，所以其持久力也较强。

4. 凶暴型反击者

这类竞争对手对其所有领域发动的进攻都会做出迅速而强烈的反击。例如：宝洁公司绝不会任由竞争者的任意一种洗涤剂轻易投放市场。凶暴型反击者向竞争对手表明，最好不要碰他，老虎的屁股摸不得。

5. 选择型反击者

这类竞争对手可能只对某些类型的攻击做出反应，而对其他类型的攻击则不然。因此，必须了解这类竞争对手的敏感部位，避免不必要的冲突。

6. 随机型反击者

这类竞争对手的反击最不确定，或者根本无法预测，它可能会采取任何一种可能的反击方式。

在确立了重要的竞争对手以后，就需要对每一个竞争对手进行深入、详细的分析，揭示出每个竞争对手的长远目标、基本假设、现行战略和能力，并判断其行动的基本轮廓，特别是竞争对手对行业变化，以及当受到竞争对手威胁时可能做出的反应。

知己更要知彼，分析竞争对手

当今市场是一个竞争激烈的环境，新的竞争对手不断进入，行业内整合不断加剧。在这样一个瞬息万变的市场环境中，谁能及时把握竞争对手的动态，谁就能掌握市场的先机，就能在竞争中掌握主动。所以对竞争对手进行分析，加强对竞争对手的了解和熟悉就显得尤其重要。

在这里首先要说明两个概念。

第一，竞争参与者与竞争对手。每一家公司都在某一个行业环境里生存，在这个行业中，有许多的竞争参与者，但不是每一个竞争参与者都是你的竞争对手。那么什么样的公司才能称其为竞争对手呢？只有那些实力强大、长期占据市场大块份额的公司，或有能力与该公司相抗衡的对手，才能称其为竞争对手。所以在分析竞争对手的时候要有的放矢，不能面面俱到。

第二，竞争分析和竞争对手分析。竞争对手分析只是竞争分析的一部分。竞争分析除了竞争对手分析之外，还包括行业的竞争环境分析、供应商分析、经销商分析、潜在进入者分析及替代产品分析。

要了解和熟悉竞争对手，需要对竞争对手进行分析，那么如何分析竞争对手呢？

1. 做市场调研

要做市场调研，就需要掌握原始的数据，包括竞争对手的生产、经营、营销等各个方面的情况和数据。

2. 分析竞争对手的市场占有率

市场占有率通常用公司的产品销售量与市场的总体容量的比例来表示。分析竞争对手市场占有率，是为了明确竞争对手及本公司在市场中所处的位置。

分析竞争对手市场占有率不但要分析在行业中，竞争对手及本公司总体的市场占有率状况，还要分析细分市场竞争对手的占有率状况。

分析总体的市场占有率，是为了明确本公司和竞争对手相比在公司中所处的位置是什么？是市场的领导者、跟随者还是市场的参与者。

分析细分市场的市场占有率，是为了明确在哪个市场区域或哪种产品具有竞争力，在哪个区域或哪种产品在市场竞争中处于劣势地位，从而为公司制定具体的竞争策略提供依据。

3. 分析竞争对手的战略和规划

现在很多公司为了塑造好的形象，会公布自己公司的发展战略、规划或市场方向等，要分析竞争对手，可以从这些方面着手。

4. 分析竞争对手的经营目标和方向

要了解竞争对手的经营目标和方向，短期目标也好，长期目标也罢，要将竞争对手的主要目标和努力方向研究明白。很多时候，竞争对手的方向也是自己的方向，对方的目标自己也正需要去努力达成。

5. 分析竞争对手的产品和营销方式

要分析竞争对手的产品和营销方式。要知道自己的产品和竞争对手的产品有什么样的相同之处和不同之处，营销方式有什么样的不同。例如，产品功能性、外包装、目前主要的营销形式和渠道等。

6. 分析竞争对手的商业模式

要分析竞争对手的商业模式，如对方的主要核心业务是什么，主要的盈利点在哪里，将来的发展空间有多大等。

7. 分析竞争对手领导者

领导者的风格往往决定了一家公司的公司文化和价值观，反映了一家公司的精神风貌、管理水平和经营动向，因此研究和分析领导者的个性特征显得尤为重要。

对竞争对手领导者的分析包括姓名、年龄、性别、教育背景、主要经历、培训经历、过去的业绩等。通过这些方面的分析，全面地了解竞争对手领导者的个人素质，以及分析他的这种素质会给他所在的公司带来什么样的变化和机会。当然这里还包括竞争对手主要的领导者的变更情况，分析领导者的更换为公司的发展所带来的影响。

8. 保持公正公平，也要保持自信

对竞争对手进行分析，既要保持公正公平，也要保持自信。要坚持公正公平的原则，坚持自信的态度，不管对方多么不堪都不能忽视，不管对方多么强大都不能怯场，自己要保持好的态度和状态。

通过对竞争对手的分析，小公司可以找出自己与竞争对手的差距，找出自己在市场竞争中的优势和劣势，从而改进自身的不足，寻找更好的解决方案，寻找发展的契机，最终使自己在竞争中处于有利的地位。

对竞争对手的竞争目标要了如指掌

分析竞争对手的目的，是了解每个竞争对手所可能采取的竞争策略、

行动举措及其成功率，各竞争对手对本公司在竞争策略机动范围内的行动可能做出的反应，各竞争对手对可能发生的行业变迁和环境的大范围的变化可能做出的反应等，并予以一一列出。

小公司要深入分析竞争对手，需要回答以下问题："在行业中我们与哪几家公司竞争？""采取怎样的步骤？""竞争对手策略行动的目的是什么，其严重程度如何？""我们应当在哪些领域回避冲突，因为对那些领域的攻击将导致对手拼命反击而造成两败俱伤，得不偿失"，等等。

小公司要制定有效的竞争策略，必须要预见和了解竞争对手的未来竞争目标。

首先，了解竞争对手的竞争目标，小公司就有可能找到自己在市场中相对满意的位置。当然这种情况不会维持长久，当不得不迫使竞争对手让步以实现自己的目标时，小公司需要找到一种战术，利用明显的优势抵御现有竞争对手。

其次，了解主要竞争对手的竞争目标，预测竞争对手将如何改变竞争策略，以及对于外部事件或对于其他公司的竞争举动反应的魄力。例如，一家注重销售额稳步增长的公司，和一家注重保持投资回收率的公司，对经济衰退或另一公司市场占有率的增加的反应可能十分不同。

再次，了解竞争对手的竞争目标，有助于小公司预测它对竞争策略变化的反应。竞争对手感受到这种策略的变化对其是一种威胁时，这种威胁的程度将会导致竞争对手的报复。因此，小公司在制定竞争策略时，应先计划出一套稳妥有效的防御战术。

最后，了解竞争对手的竞争目标，有助于解释竞争对手所采取的竞争策略类型和影响。对于竞争对手目标的了解，通常应包括许多定性因素，如它的市场位置目标、技术位置目标和社会活动目标，等等。同时，还应了解竞争对手的目标层次，如公司级的、经营单位级的，甚至职能部门及关键经理的目标。

▌ 竞争对手的优势是什么？劣势是什么

对竞争对手优势和劣势及能力的评价，是对竞争对手分析的最后一步。其优势和劣势将决定它发起进攻或反击的竞争行动的能力，以及处理所处环境或者发生事件的能力。

首先是竞争对手优势和劣势的分析。由于竞争对手的优势和劣势来自多方面的因素，因此，在实践中可以从以下几个方面进行具体分析。

（1）产品。包括产品的优点在每一细分市场中、在客户心目中的地位，产品系列的广度与深度。

（2）销售渠道。包括销售渠道的覆盖与质量、销售渠道的优势、渠道服务能力。

（3）营销与销售。包括市场营销各方面的技巧、市场研究与新产品开发的技巧、销售力量的培训与技巧。

（4）生产。包括制造成本的地位、设备及其技术完善程度、设备与设施的灵活性、专有技能和专利或成本优势等。

（5）总成本。包括总相对成本、与其他公司分担的活动费用、竞争对手正在何处采取行动改善其成本地位。

（6）财务实力。包括现金流、短期与长期借贷能力（与债务/资产比值有关）、近期新增资产能力、财务管理能力（包括谈判、增加资本、贷款、库存和应收账款）。

其次是竞争对手能力的分析。竞争对手能力的分析，在实践中可以从以下方面进行分析。

第一，核心能力。竞争对手各职能领域的能力如何？优势何在？缺陷在哪儿？竞争对手如何达到战略一致性的要求？随着竞争对手的变化，这些方面的能力是否有变化？是增强还是减弱？

第二，增长能力。竞争对手增长能力主要表现在哪些方面（是人员、技术、财务、市场份额，还是制造能力）？

第三，反应能力。竞争对手对其他公司行动的迅速反应能力如何？这取决于以下几种因素：流动资金储备、购买力储备和生产能力。

第四，应变能力。竞争对手的各经营单位对其所处行业情况变化的适应与反应能力如何？例如，竞争对手是否适应成本竞争、管理更复杂的生产线、增加新产品？是否适应服务竞争及市场活动的逐步升级？竞争对手对外界事件的应付能力怎样？例如，能否应付持续的高通货膨胀率、经济萧条及工资率增长等情况？竞争对手是否面临退出的障碍？这些障碍是否影响其缩小规模或改变公司经营？这些都可能影响成本的控制。

▶ 解剖竞争对手，寻找反击点

是否了解竞争对手、能否预测竞争对手的竞争策略和竞争行动，对小公司能否强化市场地位起着关键的作用。这也关系小公司的生死存亡。所以，接下来我们讨论洞察、分析竞争对手的目的。

一般来说，公司洞察和分析竞争对手，主要有以下三个目的：寻找差距、寻找商机和寻找反击点。

1. 寻找差距

小公司与大公司这样的竞争对手之间是存在差距的。选择强大的竞争对手，把它当成"标杆"，分析自己与它存在哪些差距，差距产生的原因是什么，以这种对镜自鉴的方式，认识对手并与自己的实力比较，为下一步采取的行动提供足够的信息资源。小公司可根据以下提示的问题进行自我测试：

（1）对手的经营目标是什么？

（2）对手有哪些特别资源？

（3）对手曾遭遇哪些困境？如何克服？

（4）对手的发展速度怎样？

（5）对手有哪些新的营销战略？

（6）对手的营销方式有何特别？

（7）对手的细分市场有哪些？

（8）对手拟开发哪些新产品？

（9）对手对员工如何激励？

（10）对手的核心竞争力是什么？

2. 寻找商机

对各方面都没有特别优势的小公司而言，要在夹缝中求生存，是一件非常不容易的事情。在这种情况下，分析竞争格局，关键是寻找新的商机。再大的公司，也不可能占据市场的全部，比如"蓝色巨人"IBM，在1999年全球最高市值公司排序中，名列第三（仅在微软、通用电气公司之后），IBM的PC行业分为应用软件系统和硬件整机两部分，其中硬件技术在某些领域居领先地位，其主板和硬盘大量出售给制造厂商（如戴尔公司和中国联想），但IBM与许多大的名牌厂商更多的是合作关系。

对几乎无特别优势的小公司来说，在市场的夹缝中还是有不少的生存机会。例如：做名牌厂商的配套供应商；开拓规模小但有利可图的边缘市场；转向新兴市场。

3. 寻找反击点

只有抓住致命点反击，才能一举成功，关键是怎样才能寻找到反击点。

实力再强大的公司，其市场的进军举措也不可能做得天衣无缝，毫无破绽，挥出的拳头也不一定是没有漏洞的。反而，因为对实力的迷信，他们往往会采取过于直接明显的方法，这反而是小公司逃过打击、寻找反击点的机会。

所以，小公司要对市场进行深入精准的分析，要分析竞争对手的行动意图，要转换方向，来获得自己界定竞争领域或方式的资格。转换的目的，是离开对方的攻击范围，脱离对方擅长的区域，然后界定自己的领域，积累实力，以寻求新的竞争制高点，出奇制胜，绝路逢生。

▌ 选择"最佳战场"与对手交战

在小公司积极开发新产品、开展营销和促销活动，与竞争对手争夺市场的过程中，竞争对手也不会无动于衷、坐视不管的。小公司的一举一措，都会引起竞争对手的警觉，激发竞争对手的反应。一旦触及竞争对手的"痛点"，就会引起竞争对手的反击和报复。

因此，小公司应该非常重视对竞争对手报复可能性的分析，预测竞争对手可能采取哪些报复行动，并据此制定本公司的应对策略。

预测竞争对手可能采取的报复行动，包括以下三个方面。

第一，预测竞争对手对现有地位的满足程度。

将竞争对手的经营目标与其现在所处的地位进行比较，看竞争对手是否要改变竞争策略。

第二，预测哪些变动会激起竞争对手的报复。

什么样的变动将激怒竞争对手不惜花费昂贵代价进行报复？哪些严重威胁竞争对手目标和地位的举措很可能迫使其采取报复行动？多数公司都有这种"痛点"，因其涉及公司的要害，会引起激烈的反抗，所以小公司还是避开为好。

第三，预测竞争对手可能采取的报复行动。

根据竞争对手的经营目标、能力，预测竞争对手最有可能采取怎样的报复行动。例如，扩大经营规模？开发性能更优越的产品？短期内产品大幅降价？封锁市场？强烈的宣传攻势？等等。

第四，减少投复行动的影响。

什么样的变动使竞争对手在其目标、战略、能力等方面不能迅速、有效地做出反应？采取什么行动可使竞争对手即使想抗争也无能为力？

从以上对竞争对手可能做出反应和报复的分析中，可以看出竞争对手对哪些变化敏感，是否要采取反击和报复行动。假如竞争对手要对小公司采取反击和报复，那小公司的竞争要点就是选择"最佳战场"与竞争对手交战。这个“最佳战场”，就是竞争对手准备不足、热情不足或最感头痛的细分市场或战略方向。

在分析了本公司的情况、确定本公司的竞争地位或市场角色，分析了竞争对手的情况后，小公司就可以根据自身的目标、资源、实力、市场角色，探讨和制定相应的竞争策略。

对潜在的竞争对手不可掉以轻心

潜在的竞争对手是小公司未来的竞争对手，它们的一举一动，都会对小公司的经营计划和营销举措造成间接或直接的影响，阻碍小公司的顺利发展。

对于潜在的竞争对手，小公司不可忽视，要对它们进行研究和分析，以便制定相应的对策，解除其威胁，减小其对公司的危害。

研究潜在的竞争对手就是要分析两个问题：哪些是潜在的竞争对手？潜在竞争对手的威胁性如何？

1. 哪些是潜在的竞争对手

市场上到处存在着彼此相连的关系。生产过程与产品就好像链子一样，一环扣一环，彼此相连，进而把所有公司、消费者连接在一起。小公司必须顾及所有的可能对手，而不能仅仅着眼于有同样产品的生产商。从公司相互关联的环节着手，不局限于产品的狭隘定义，顺藤摸瓜，扩展思维就能判断出哪些是公司潜在的竞争对手。

比如，生产个人电脑的公司不能把产品单纯地看成一个盒子、一个键盘和一个显示器的组合。否则，其对竞争的看法就会变得很狭隘，会把其他个人电脑当成"唯一'的竞争对手，进而做出错误的营销策略，采取错误的促销战术。

事实上，个人电脑商的竞争对手还包括许多生产不同产品的厂家。比如笔记本电脑、有网络功能的手机都是个人电脑潜在的竞争者。此外，简单的电脑终端机构成个人电脑潜在的竞争。因为很多公司正在建立资讯网络系统，使消费者能透过廉价的"笨"终端机存取资讯。如果一般人常常使用这种网络系统，他们就可能买一台简单的终端机，而不买一台配置复杂、价格昂贵的个人电脑。

所以，在规划营销和制定市场推广策略时，个人电脑生产公司必须把所有这些新竞争者纳入考虑，同时还要能够预测其他的新挑战。

2. 潜在竞争对手的威胁

对于同一行业的市场，新进入者带来新的生产能力，会扩大市场供给，必然会对原有的竞争格局产生冲击。竞争的结果很可能是价格下降、成本上升，公司原来的获利能力也有所下降。因此，从战略高度上讲，为了自身安全，小公司必须高筑屏障，抵抗潜在的竞争对手。

进入屏障是指阻碍新加入者进入某一行业的各种因素。

一般情况下，任何行业都有一定的进入屏障。进入屏障主要来自产品差异化、价格优势、分销渠道、客户需求、政府政策等。如果进入屏障高，则潜在的加入者对公司的威胁性就小。

小公司如果能够在一个或几个方面占据优势，就能排除或降低潜在进入者的威胁，从而保证自身安全。

警惕替代品，谨防被“更新换代”

替代品是相对于某一商品而言的。假如有A、B两种商品，它们在外观、大小、口味、品牌甚至种类上都完全不同，但却提供同样的使用价值，满足消费者的同一种需要，那么它们之间就存在相互替代的关系。例如，猪肉和鸡肉之间、可乐与汽水之间、电话与手机之间的关系都存在相互替代的关系。你可以不吃猪肉而吃鸡肉，可以不喝可乐而喝汽水，可以不装电话而使用手机。

商品之间的这种替代关系可以在多种商品之间存在，如猪肉、鸡肉、鱼肉、鸭肉之间存在替代关系，可乐、汽水、矿泉水、纯净水之间也存在相互替代关系。这种替代关系使生产商品的公司不仅面对同种产品公司的竞争，还要面对来自替代品生产公司的竞争。

科学技术的发展将导致替代品不断增多。一个行业部门中的所有公司都将和生产替代品的其他行业部门的厂商进行竞争。因此，小公司要时刻警惕市场中出现的替代品，识别哪些是本公司产品的替代品。

识别替代品不仅可以识别竞争者，还可以发现产品的差别所在。若小公司注意到不同竞争对手产品的优越特性，就能够针对不同竞争对手采取侧重点不同的竞争战术。

替代品的存在为行业的吸引力规定了上界。行业的吸引力主要是指它的获利水平。当某行业商品价格很高、利润也很高时，会导致两个结果：一是新竞争者进入，二是消费者转向替代品，这两种情况对原有生产厂商和公司都意味着有效需求下降，使行业的获利水平受到限制。

小公司在竞争时，必须对替代品的威胁程度进行科学分析。波特说："识别替代品就是要研究分析那些与本部门的产品具有同样功能的其他产品。有时这样的研究是一项难以捉摸的任务，从表面来看，它让人觉得公司中研究人员的分析似乎远离本行，没有什么关联。"

在以下情况下，替代品的威胁性是很大的，需要多加注意：

（1）有许多相同的有效成本方法满足相同消费者的需要。

（2）消费者转向替代品只承担很小的转移成本。

（3）消费者对价格变化非常敏感，而替代品具有价格竞争优势。

对采用新技术、新材料的产品，或者从能获得高额利润的部门生产出来的替代品，应尤为注意。

波特指出："如果行业中的某些发展增加了竞争性，并且导致价格下降或经营不善，那么，替代品往往会迅速进入行业并加入竞争。因此，当决定是否从战略高度出发阻止替代品进入，或把替代品作为战略制定中必不可少的关键力量时，对替代品趋势的分析就具有特别重要的意义。"

由于替代品不是仅仅对一两家公司，而是对全行业的所有公司都构成威胁，因此在抵御替代品的威胁上，本行业的小公司有必要联合起来，采取一致行动。这时，本来竞争激烈的小公司之间就可彼此互助，如共同进行宣传活动，共同改进产品的质量和功能，共同抵御生产替代品的竞争者。

记住一点，产品的替代程度不同，竞争的程度也不同。产品替代程度大，竞争关系就较明显。

▼ "好"的竞争对手是小公司的明镜

寻找竞争对手，与竞争对手做比较，就好像用一面镜子照自己。如果你选的是哈哈镜，照出来的"你"就会失真；如果你选的是平面镜，那么你才是真正的你。

"好"的竞争对手就是那面平面镜，能"照"出你的优点、弱点；而"不好"的竞争对手就是那面哈哈镜，让你得意忘形、失去自我。

什么样的竞争对手才能称为"好"的竞争对手，称得上小公司的一面镜子呢？

归纳起来，能够作为"好"的竞争对手，在公司目标、核心价值观、经营策略、公司文化、组织结构等方面，表现出既矛盾又兼顾的"双面性"。

（1）追求短期表现——注重长期投资。

（2）务实地追求利润——追求利润之外的目的。

（3）勇猛地改变和行动——相当稳固的核心价值观。

（4）大胆、果决、冒险行动——以核心为基础的保守主义。

（5）机会主义式的探索与实验——清楚的远景和方向感。

（6）渐进式的演进与进步——胆大包天的目标。

（7）拥有运作的自主性——经营思维的控制。

（8）具有改变、行动与适应的能力——极为严谨的文化。

（9）优异的实际日常运营——高瞻远瞩和未来主义。

（10）拥有适应环境的组织——根据制度和管理者思想安排的组织。

此外，对公司竞争地位有所帮助的"好"的竞争对手，还有以下特征：

（1）信用和活力。信用和活力成为新进入者的障碍，并且使公司永远面对充满创新精神的对手。

（2）自知之明。"好"的竞争对手对自己的弱点非常清楚，并且不强迫自己在各方面都争当第一。

（3）通晓规则。遵守游戏规则，积极竞争。

（4）现实假设。正确估价自己的能力，既不贸然行动，也不逃避竞争。

（5）成本认识。清楚自己产品的成本构成，并据此采取适当的价格策略。

（6）有改善行业结构的战略。"好"的竞争对手有保护、增加行业结构中合理因素的战略。

（7）自我调整意识。"好"的竞争对手自发把自己限制在行业中的特定的细分市场上，这对其他的竞争对手是极为有益的。

（8）适度退出障碍。适度地退出障碍能够使行业中保持适度竞争，又能对新进入者积极防御。

（9）可协调目标。好"的竞争对手对自己的市场地位感到满意，而这个地位好能使公司获得最佳利润。

与"好"的竞争对手相比，不仅可以"照"出自己在竞争态势中是否真的进步了，而且还可以增强自己的竞争优势，提高进入市场的能力。对于小公司来说，理想的情况是能同一个或多个"好"的竞争对手一起竞争，这就要求小公司能够识别，谁是对自己有利的竞争对手，谁是应当避免与其正面作战的竞争对手，谁是可以联手合作的竞争对手。

第二章

情报侦探术，

洞穿迷雾竞争长袖善舞

在战争中，情报关系到战争的成败。在商战中，情报同样决定竞争的胜负。没有情报，竞争如同盲人摸象；情报失灵，竞争就会惨遭失败。

在信息经济时代，小公司要在变幻莫测的市场竞争中立于不败之地，就必须准确快速地获悉各种情报：市场有什么新动向？竞争对手有什么新举措？在获得了这些情报后，果敢迅速地采取行动，才能战无不胜，攻无不克。

买卖赔与赚，行情占一半

美国企业家S.M.沃森指出："把信息和情报放在第一位，金钱就会滚滚而来。"这充分说明信息和情报对于公司顺利开展经营、创造商机、在竞争中获胜的重要作用。

商业中的情报，是反映关于竞争对手和市场环境变化的信息。之所以要获取情报，是为了能够做出更为客观、精准的经营计划和竞争决策，也是为了能够获得市场上的机遇与危机的早期线索。

历史上的晋商，主要以贱买贵卖为生意手段，对商业情报和信息都十分重视。他们尽量通过各种渠道了解市场行情，掌握各地物资余缺及影响商业经营因素的情报。在商业总号和分号之间，一般是五天一信，三日一函，互通情报。这种经济情报对晋商寻求商机和下决心做出生意举措起了很大的作用。有商业俗语称："买卖赔与赚，行情占一半。"

现在的山西商人大多继承了晋商重视情报和信息这一特点，在做生意时，他们很重视情报和信息的捕捉和反馈，许多大的公司都有专门的市场预测人员进行市场调研，及时采取相应的应对措施。进入21世纪，山西商人在互联网上建立的"晋商网"，主要分为"新闻动态""商业机会""产品展示""行业资讯""公司全库""晋商文化""公司名录"等栏目，及时发布和提供有关各种最新信息，并且每天更新100条以上。

由此可见，要做大生意就要尽可能地寻找更多的相关情报和信息。

在激烈的商海竞争中，小公司更需要丰富的情报来源和信息资料，这样才能够了解竞争对手，了解市场动态，从而掌握先机，抓住市场发展，在未来赢得更好的发展。

▼ 小公司搏击商海，要靠情报取胜

市场竞争的优胜者，往往就是那些处于情报的前沿，能够敏锐地捕捉情报并从中"嗅"出商机的一方。在同样的条件下，获取情报更快、更多者，就会优先抢得商机。

1865年，美国南北战争接近尾声。由于战事频繁，美国的猪肉价格非常昂贵。当时有位名叫亚默尔的商人，他从事的工作正是猪肉供应。亚默尔非常关注战事的发展，他十分注重收集各方面的情报。亚默尔相信自己一旦抓住别人没有发现的商机，一定能够猛赚一笔。

一天，报纸上的一则新闻吸引住了亚默尔。这则新闻里提到一个神父在南军的营区里遇到几个小孩，小孩们拿了很多的钱问神父怎样可以买到面包和其他吃的东西。这些孩子的父亲是南军的高级军官，军官们给孩子带回来的马肉非常难吃，孩子们已经好几天没有吃面包了，所以才会到处买面包。

这是一篇很普通的报道，但在亚默尔看来，这里面透漏出一个重要的信息。南军的高级军官已经开始宰杀马匹，足以说明这场战争马上就要结束。而战争一旦结束，整个美国的经济市场也将恢复正常，那么猪肉的价格必然会出现大幅度的回落。对于亚默尔来说，战争的结束就意味着发财的机会来临。

亚默尔马上与美国东部的猪肉销售商签订了一个大胆的销售合同，将自己的猪肉以较低的价格卖给对方，并约定迟几天交货。相对于当时的市场而言，亚默尔的这批猪肉价格相当便宜。于是，各地的销售商们纷纷与亚默尔签订合同，亚默尔储备的猪肉很快销售一空。

就在亚默尔的猪肉销售出去后，没过多久，南北战争正式宣告结束。受战事的影响，各地的猪肉价格一下子暴跌。销售商们不得不低价处理手中积压的猪肉，价格要远低于收购亚默尔的猪肉价钱。亚默尔在这次的行动中，一共赚取了100多万美元的利润，一举奠定了坚实的商业基础。

报纸上一则并不引人注目的小新闻，亚默尔却能从中发现商机，迅速捕捉到信息，并及时利用，从而使自己在这场商战中大获全胜。

现代社会的商机不仅包括政治、社会风气、文化现象等内容，甚至如经济增长率、贫富比例等一些专业资料都能成为有价值的商业情报。

随着经济全球化的来临，面对世界性的竞争与挑战，无论是公司还是其他性质的商业组织，都应重视对外界情报的收集和利用。谁能够收集到全面的有价值的情报，谁就能及时预测到新的市场需求，在市场竞争中领先一步，击败对手。

有人说，市场经济就是情报经济、信息经济，其精髓就在于此。从某种意义上说，关注情报就是关注商机。在商海中，小公司时常受到大公司的打压，时刻面临着来自四面八方的风险，要想在竞争中站稳脚跟，就更应当重视情报的作用，要学会收集情报、分析情报，这样才能抓住有效的情报，排除风险，成为赢家。

◤ 要想竞争赢，必须情报灵

情报就是财富，情报就是生意。情报是一种商业资源。要想生意成，必须情报灵。情报是公司管理者做决策的基础，及时、准确、有效的情报是小公司做大做强坚实的臂膀。

1. 过去靠能力赚钱，现在靠情报致富

现代公司的运营和管理离不开情报的沟通和传递。没有情报，公司将举步维艰；把握情报，公司才能胜券在握。

2. 谁掌握了情报，谁就能做大做强

情报就是金钱，情报就是商机。谁获得情报，谁就拥有广阔的市场；谁闭门造车，谁就失去了盈利的机会。

3. 具备强烈的情报意识

公司管理者要重视情报的作用和价值，一条有用的情报甚至等同于千万财富。公司管理者要通过多种方法获得情报，掌握市场主动权，把握商机，赚到大钱。

只有及时抓住市场情报，了解客户情报，掌握商业情报，研究产品情报，收集对手情报，小公司才能在竞争大潮中游刃有余，稳操胜券。

小公司收集商业情报的五大渠道

商业情报是一种重要的商战资源，对于小公司把握商机、规避风险、在竞争中胜出起着举足轻重的作用。那么，从哪里收集商业情报呢？

收集商业情报有多种渠道，如媒体、市场调查、交流会、资料档案库和人际网络等。这些方法在情报来源的成本、容易程度及情报质量等方面各有所长。

1. 媒体

媒体包括电视、报纸、广播、互联网、杂志及出版物。媒体的优点是获取情报快而新，成本低廉；缺点是容易泛滥。在收集情报的时候，面对出现的大批媒体情报和出版物，要想找出自己需要的部分，或许会有一些困难。

为了节省时间和人力，比较有效的方法是把媒体情报分为主要情报和次要情报。一般情况下，主要情报（较宏观和定性的情报）都容易取得，如有关本公司所在的行业的知名公司的动向、行业发展趋势预测等，只要订阅有关本行业的知名杂志和报纸就可以得到。

而次要情报（较微观和具体的情报），如关于本行业市场占有的格局、新产品发展的方向、新技术开发的方向、相关行业对本行业的影响，这些情报的重要性并不比主要情报低，但在收集的时候会有些困难。这时，可能需要寻求他人的帮助，由他人推荐新的情报来源，但在查找的时候也可能会非常耗时。

2. 市场调查

市场调查是从市场、消费者、研究人员和竞争对手那里直接获取第一手情报的方法。它包括以下形式。

第一，现场采访。现场采访获取情报有三个优点：比其他间接方式能收集到更详细的情报；可随对方的答复灵活增加或改变提问；与被采访对象建立长期协作关系。

当然，现场采访也有三个缺点：耗时、成本高、对方可能不合作。

第二，电话采访。电话采访的优点是容易规划、容易进行，成本也很低廉。但它对情报采集人员的沟通能力和表态能力要求较高。

第三，问卷调查。问卷调查通常用于大量的个人或组织样本收集情报。这种方式最适合于收集受访人容易回答且不带感性色彩的情报。问卷调查的优点是费用低，可以在短时间内调查到大批对象。

它的缺点是回收率低，能收集的情报有限。比如，问卷无法提出追踪问题或更详细的问题，受访人不愿回答某些问题或给出非真实的回答。

需要特别注意的是：为了保证问卷调查的质量，要注意以下几点：

（1）根据经验法则，一般人最多只愿花20～30分钟的时间填写问卷。若问卷问题设计不当，可能会降低回收率或回答质量欠佳。

（2）彬彬有礼的态度能增强受访人的信任感，同时也会影响到受访人回答问题时的认真精神。

3. 交流会

交流会是竞争对手面对面交流的机会，在交流会上同行业公司互相谈论行业趋势、共商行业发展大计、交流公司经营心得，开展联合行动，因此比起其他情报收集的间接方式，这种方式非常独特。竞争对手面对面交流有以下几种场合：

第一，商品展销会。商品展销会是各种商品云集、交易活跃、情报面广的商品交流会。在展销期间，各大厂家都会把自己的新产品展示出来，以便进行推广，如果想目睹同行的新产品并观察其市场反应，这种展销会是一个很好的机会。

第二，新产品发布会。实力雄厚的大公司一般有一个"惯例"，就是当一件重要的新产品问世之时，要举办一个新产品发布会，公开对外亮相。这既是一项产品推广活动，又是企业自我宣传的一次良机，由于会吸引诸多媒体参加，因而这种发布会非常瞩目。

第三，行业研讨会。举行行业研讨会一般有两个目的：一是同行公司高层领导聚集在一起，共同研究行业未来发展方向和战略或制定联盟；二是在遭遇外来强敌时制定联合的行动。在这类研讨会上，可以获得同行公司对目前形势和未来方向的看法；可以对同行公司的实力有一个较为清楚的认识。

第四，国际交流会。国际交流会是与世界同行共同交流，参加这种交流会能扩大视野，获得更新颖、丰富的情报；可以了解到世界级同行们前进的方向；可以激发更富于想象力的思维，同时使公司目光更具有前瞻性。

第五，专家论坛。媒体通常会开设或制作一些专家论坛的栏目，请一些专家针对市场状况、竞争形势及未来趋势发表自己的看法。在这些栏目中，公司能了解到置身于圈外的专业人士对行业或公司的分析和评价，听一听他人的意见，或许也会受益良多。

4. 资料档案库

公司应建立专门的资料档案库，将收集的情报进行分门别类，建立资料索引，这样在需要的时候一方面可以迅速查找所需的情报，不用再耗时费力查找；另一方面资料积累了可供其他工作之参考，如制定竞争策略、制订营销计划等。

5. 人际网络

人际网络是一张极佳的情报网，如果公司的人际网络图上有通行各主要部门的"道路",那就意味着公司多了几条办事的"捷径"。

另外,通过人际网络能够采访到竞争对手的员工或曾与其共事的人,也能收集到别的渠道无法了解到的情报。所以人际网络在某种程度上可以成为公司的"稀有"资源。

◤ 收集与竞争对手息息相关的情报

仅仅收集市场上的商业情报,只是对市场形势和商业动态有个总体的了解,还不能了解竞争对手的动态,看清竞争对手的战略意图,因此还要收集与竞争对手密切相关的情报。对竞争对手进行情报收集,是战胜竞争对手的首要条件。

一般来说,由于分析目的不同,需要的情报也是不同的。但以下四个方面的情报,对分析竞争对手和竞争态势非常重要,在竞争对手分析和制定竞争战术时缺一不可。

1. 行业情报

行业情报包括行业结构、行业规模、行业发展趋势、行业吸引力、影响行业发展的重要技术、行业地理分布等。行业情报基本上属于比较宏观的情报，它为竞争对手研究构筑了一个分析背景。但有时并不仅仅如此，对行业情报的正确判断可能造就新的商机。

2. 竞争对手自身情报

有关竞争对手的情报不同于行业情报，它比较微观，分为静态情报和动态情报两种。静态情报是描述竞争对手"状态"的情报，如竞争对手的资源、销售额、利润率、海外市场、研究开发能力等。动态情报是描述竞争对手"战略变化"的情报，如竞争对手的竞争战略、价格策略、新产品研发计划、营销行动、人事变动等。只有把竞争对手的动态情报和静态情报结合起来，才能对它的竞争优势和威胁性做出一个全面的、客观的、公正的评价。

3. 政策情报

因为管理政策可能改变竞争格局，所以在收集竞争对手的情报时，也要把政策因素考虑进去。一项关键的政策可能马上摧毁竞争对手的竞争优势，或者转移竞争对手的竞争优势。

政策情报包括国家和地方行业发展政策、行业管理政策、配套政策、优惠政策、限制政策、行业管理规定及有关的法律法规。

4. 重大事件情报

对社会重大事件保持敏感是一个良好的习惯。因为重大事件会对稳定的社会秩序、竞争格局及公司竞争地位产生重大影响，即便是没有正面冲击，但重大事件产生的冲击波也会对社会的各个方面产生影响。

小公司应当关注以下重大事件：

（1）重大政策事件。

（2）重大经济事件。

（3）公司经营环境的变化（政策、市场、内部管理、消费者口味、竞争形势等的变化）。

（4）公司的重大行动（兼并、上市、分拆、收购等）。

（5）公司内部的重大变革（组织结构变化、裁员、人事变动等）。

（6）新技术的诞生。

（7）影响面广的营销事件（事故、不正当竞争、投诉、倾销、营销推广等）。

▶ 从哪里收集竞争对手的情报

公司管理者不但要善于经营自己的公司，也要努力学习竞争对手的公司经营方式和优势。其中，收集竞争对手的情报，是一个关键方面。

如何收集竞争对手的情报呢？主要有以下四种方式。

1. 直接获得情报

直接获得情报包括以参观或学习的方式获取情报，由展览会获取相关情报等。

2．间接获得情报

间接获得情报即通过中间人获取情报，如经销商、零售商、银行、广告商、供应商、上级主管部门、运输公司、物流部门、行业协会等。

3．通过人际网收集情报

人际网络是收集竞争对手情报的一个有效渠道，可以提高情报的多样性和及时性。

4．利用竞争对手的资源

从竞争对手那里购买其产品，研究其价格、质量、包装、宣传、营销方式等，通过竞争对手的产品对本公司造成的影响和市场冲击力，来制定本公司产品的生产方式和营销策略，提高公司的竞争力和防御能力。

俗话说："知己知彼，百战不殆。"收集竞争对手的情报，不仅是为了提高自身竞争力和防御能力，而且也是一个相互学习和借鉴的过程。

▶ 情报不在多，贵在"精"

社会、媒体和市场上的情报可谓泥沙俱下，鱼龙混杂，并不是所有的情报都是有用的、有价值的。所以，小公司在收集情报的时候，要注意的是情报的质量问题。换句话说，必须了解情报的品质。情报不在多，贵在"精"。

良好、有用途的情报有几种独特的品质，小公司管理者在收集、使用情报的时候，应该考虑这些情报是否拥有以下这几项品质。

1. 适用

适用是良好情报最重要的品质。如果情报不能用于解决问题，就只能是一堆垃圾。不但不能帮助分析人员做出判断，更有可能浪费他们的时间，干扰他们的工作。

2. 准确

良好情报的另一个重要品质是准确。很显然，准确的情报带来正确的判断，不准确的情报会导致错误的判断和决策。获取的情报一定要是确切的、有价值的，才能为公司发展带来实际的、有针对性的帮助。否则，不确定的情报或者道听途说，会造成公司发展道路的迷茫，容易陷入误区。

3. 完整

分析人员需要完整的情报才能做出理性的判断和决策。但完整的情报不等于"全部"，完整的情报是指做出某项判断所依赖的主要情报。

比如，某跨国公司要想开拓亚洲市场，需要研究亚洲市场上其他公司的市场占有情况。通过各种渠道，该跨国公司可以找到成百上千条情报，但对于分析特别有用的，可能只有五十条。这五十条就是完整的情报，以它们为判断依据，该跨国公司就能得到自己想要的分析结果。

4. 合时

情报还需要合时，过时的情报对于分析没有任何帮助。这里不要把

“过时”与“过去”的情报混淆起来，过去的情报不一定没有用，在分析研究的时候，经常要用到过去的情报来做纵向比较。只有当过去的情报对分析无所贡献的时候，它才会变得过时。

5. 可靠

使用的情报一定要可靠，如果分析人员对情报的可靠性产生怀疑，就不能利用它们来做出判断，否则，可能会做出错误的决策。

6. 一贯

一贯是指情报之间不互相矛盾。比如某公司生产报告上指出上月生产A产品的数量是10000件，但销售报告上称上月A产品的销量是8000件，而存货报告则显示上月A产品的存货增加了5000件，那这些情报之间就有矛盾，需要查出错误的情报出自哪儿。

◤ 过滤情报，筛选出有效情报

单纯收集情报还不能预见市场的动态和趋势，不能洞察竞争对手的战略意图和下一步的举措，一定要对情报进行分析、归纳和总结。如果能从量和质两个方面收集情报，使情报的内容更加丰富，并努力把情报进行各式各样搭配组合，就能更好地利用情报为公司服务。

小公司管理者需要对获得的情报进行处理，从中去掉没用的，找出有用的情报。

现代社会中存在着各种各样的情报，但要真的从中筛选出公司所必需的、有价值的情报却是一件不容易的事。

为此，需要解决以下三个方面的问题：一是情报处理工作要从公司整体利益出发，要以尽可能少的投入获得较大的情报效益。二是正确处理公司眼前利益与长远利益的关系，合理选择情报处理方式。三是情报机构的设置要符合公司发展的需求，真正发挥情报工作的参谋作用。

善于从定期情报中发现问题的公司，对于任何纷繁复杂的变化，都能透过现象，彻底地追寻和了解问题变化的原因。因为所谓公司的情报能力强，不仅意味着其收集情报并从中掌握情报的洞察力出色，还意味着这家公司有很强的对情报进行分析、加工的研究能力。

作为小公司的管理者，应当具备优秀的情报分析和综合能力，能够定期从情报时间系列变化中，确切地把握公司可能发生或面临的问题。比如，从与行业有关时间系列的情报中，了解库存增加或需求减少的动向，掌握景气变动的时间，从而尽早研究对付不景气的策略。

对辛苦获得的情报，应按照类别妥善整理保存，以备随时取出应用。此外，还可编制成附录索引，以便参照查阅。这些情报通过经理人员在每日晨间汇报时由各人发表，并询问与会人员对此情报的看法，进而给予必要的指示。对前一天或更前一天的情报均应加以验证，切不可闲置可使用的情报。

所以小公司必须妥善地处理用过的或尚未使用的情报，需要有一个情报管理系统，分门别类，便于查询。当然那些机密性较高的情报用完就可以处理掉，不要留下痕迹；对于大部分情报，还是要定期进行总结、归类、分析。

收集到的情报最好是原始的，情报和任何传闻、谣言一样，只要经过人手，或多或少会变质，产生"以讹传讹"的效果。在收集情报时，一定要找到最原始的来源，即使找不到原始的，也要了解清楚情况，确认事实。虽然这样会很麻烦，但却是收集和使用情报的重要原则，误用二手情报的后果相当严重。

小公司的管理者不仅要具有出色的分析定期情报的能力，还要会比其他公司更善于定期地从市场和客户中获得更多的情报，并具有很强的分析能力。这样不仅可以掌握整个行业变化的动向，而且会因渠道的情报来源让自己和公司受益匪浅。

如今，各类情报铺天盖地地充斥着人们的大脑，小公司管理者要提高情报的分辨能力，具备迅速捕捉有效情报的能力，及时筛选出无效情报。

▼ 情报就是推销员，让产品插上翅膀

当前，情报已经成为新的生产要素，成为公司开展营销和销售的重要

财富和资源。小公司只有依靠情报来打开产品销路，才会收到事半功倍的效果。因此，需要做好以下几项工作。

1. 了解消费者情报

消费者情报包括关于现有购买者的特征、经济状况及变动情况；不同地区、不同民族购买者的消费习俗和需求特征；购买者的购买动机、购买习惯、购买频率及每次的购买数量；购买者购买的品牌、商标、商店的偏好及原因；购买者对新产品反应及其对公司的要求和意见等。

2. 了解市场供求情报

市场供求情报包括关于现有市场需求量、销售量、供求平衡状况；市场上对所销售商品的最大潜在需求量；各个细分市场的绝对占有率和相对市场占有率；公司及同行业竞争者在市场中的地位、作用及优劣势比较；国内、外市场需求的变化和发展趋势等。

3. 熟悉商品经营效果情报

商品经营效果情报包括关于公司经营过程中所采取的各种营销策略的效果，如产品包装的改变、价格的改变、销售渠道的变化等。

4. 掌握同行业竞争对手的情报

同行业竞争对手的情报包括关于竞争产品的更新状况，如销售价格、分销渠道及网点设置、竞争者的促销手法的变化、目标市场及市场占有率的变化等。

一个情报往往能为小公司开辟潜力巨大的市场，事关公司的兴衰成败。小公司和市场之间只有及时沟通，对情报反应敏锐，才能在竞争中无往不胜。

◤ 捕捉情报，挺立竞争的风口浪尖

在信息经济时代，情报战成了各公司开展竞争的重要手段。小公司如果注重收集市场情报，就能及时预测到新的市场需求，从而能在激烈的市场竞争中领先对手一步，挫败竞争对手。

日本昭和市丸交通公司总经理市丸良一就是因为注重收集情报而取得成功的。市丸良一的公司起源于市丸家的酱油铺。由于小本经营，难以同大公司竞争，市丸家的酱油铺只好改做淀粉生意，取名“市丸行业公司”。后来，公司获得了关于淀粉供求信息的情报。当时日本处于战后恢复时期，对淀粉的需求量很大，而做淀粉的原料甘薯主要出产在气候温暖的南方鹿儿岛县。市丸行业公司占有“地利”之便，公司经营得很顺利。由于得到了准确的市场供求信息，市丸行业公司在短短的几年时间内发展成为一家庞大的公司，在日本淀粉公司中居第三位。

后来，在日本进入经济高速发展时期以后，日本农林省决定减少淀粉公司的数目。在提前获得此准确情报后，已经当上市丸行业公司总经理的市丸良一当机立断，于1976年买进3辆小汽车，改营出租汽车业。市丸良一全力以赴，只用两年时间就正式办起了市丸交通公司。到1984年发展为九州最大的出租汽车公司，共拥有出租汽车369辆。

在经营出租汽车事业的同时，市丸良一又发现不动行业有利可图，便设立市丸商事公司，办起了修建和出租公寓事业。他又利用西乡隆盛（日本明治维新时著名人物，出生于鹿儿岛加治屋）逝世100周年，以及他在鹿儿岛人心目中崇高的威望大做广告，宣传他建筑的加治屋公寓，使其公寓的销路十分顺畅。

市丸良一就是这样一个善于捕捉情报和分析形势，经营得法的公司管理者。现在，市丸商事公司已成为鹿儿岛最大的公寓开发商。毫无疑问，市丸良一之所以在商业上取得了巨大的成功，与他对情报保持高度的敏感，注意情报的收集是分不开的。

情报的商业价值在于，它们直接影响到公司的命运，也是公司成功的关键因素。在信息化时代，谁拥有比别人更高的情报敏感度，谁就能比别人抢先一步掌握最新、最全的情报，从而赢得先机，占据上风。可以说，是否及时、快速地获取情报资料，决定着竞争的胜负，决定着公司的兴衰。

现代市场竞争对情报的获取讲究快捷和准确。及时、快速地获取有价值的商业情报，就能尽早地占据市场，多一分盈利的机会。

对情报的获取要求快速和迅捷，一方面是指获取情报要快，在别人还未抢占先机时领先一步；另一方面是指当获取有效情报后迅速做出决定。这是小公司管理者在平时收集分析情报时要着重把握好的要点。

第三章

壁垒防御术，

保护自己的"金饭碗"

在商战中，强势的一方总是先攻击弱势的一方。小公司势单力薄，兵少将寡，所以对小公司来说，竞争的第一步应该是防御，而不是进攻。防守是最好的进攻。

"山雨欲来风满楼"。强敌压境，小公司要"深挖洞，广积粮"，构建竞争壁垒，养兵蓄锐，严阵以待，随时准备给对手迎头痛击，以挫败对方锐气，为后续的反击赢得时间和机会。

▶ 小公司竞争，防御重于进攻

商战中有一个怪现象：经常有人向对手发起不自量力的宣战。很多小公司都会犯这样的错误。这些小公司的管理者往往过于相信自我，认为自己的员工比大公司的员工更优秀、更拼命，自己的产品比大公司的更有特色，将来一定会胜利。其实这只是一种错觉，小公司的员工不一定都很优秀，大公司的员工更优秀的概率要远大于小公司；小公司的产品也未必优秀，就算你优秀，消费者也不会选择你。因为他们会问：既然你们产品那么好，为什么领先的不是你？

在目前的市场中，实力强大的大公司占据着行业的领先地位，占据着市场的半壁江山，大公司会持续不断地扩大自己的市场地盘，不断地从小公司那里抢走生意份额，人少钱少、势单力薄的小公司是难以改变这种现状的。

所以，对于小公司来说，竞争着眼点应该是防御，而不是进攻。防御比进攻更好。因为进攻需要有比对手更多的资源、更强的实力。《孙子兵法》曰："十则围之，五则攻之，倍则战之。"如果你要进攻，则需要有比对手五倍的优势，才有获胜的可能。所以，对小公司来说，采取防御是更有效的竞争策略，而贸然进攻，对于小公司可能意味着一场灾难，意味着倒闭。

华为现在就明令禁止员工说"多少年超过苹果公司""多少年取代苹果公司"之类的话。华为虽然很牛，但在手机领域跟苹果相比，还是一个弱者。华为市值大概在1000亿美元，苹果市值是8000亿美元。苹果7上市，市值增加640亿美元，相当多了半个华为。如此大的差距，怎么去挑战？如果把"超过苹果"作为目标向外宣传，只能树立强敌，让华为腹背受敌。任正非对此看得很清楚，所以才放出一句话："以后谁再提，提一次罚一百！"

就小公司而言，防御重于进攻。当然，这么说也不是要小公司一味地采取消极保守的防御，而是强调小公司经不起折腾，经营和竞争首先以稳妥为原则，在搞好自身经营，稳住自己的地盘的基础上，发掘和创造机会，配以适度的进攻，以挖掘市场空白，开拓市场空间。

▎ 先保护好自己，再伺机进攻

在战争中，防御非常重要，军事战略家克劳塞维茨说过："战争的防御形式，从本质上说优于攻击形式。"因为，保护不了自己，军队就不能生存，更谈不上进攻。

商战的历史也有相近之处，20世纪80年代中期，有商业机构曾对世界上600家公司进行两年的追踪调查，分析评估其进攻的效果。结果发现，只有20%的公司获得了使场占有率增长2%以上的成果，而80%公司的进攻纯属徒劳，损失惨重。在创办5年以下的公司中，只有40%的公司的市场份额有所提高，在有20年以上历史的公司中，只有17%的市场价额有所提高。

可以说，防御在某种意义上比进攻更为重要。进攻不仅要消费大量的人力、财力，而且要承担相应的风险，胜负往往不可预料。对于小公司来说，在没有对市场和对手进行充分研究和了解的基础上，没有十分的把握，不宜向对手开展进攻，应以稳为上，以防助攻，以防促攻。

当然，我们并不主张消极防御，而提倡积极防御。积极防御的意义在于以下几个方面：

（1）降低对手进攻的可能性

小公司可以虚张声势，放烟幕弹，充分表明自己积极防御意图。例如宣称："谁要进攻，必坚决报复，绝不留情。"这样可以让对手不敢贸然进入你的领地，以降低对手的进攻可能。

（2）把进攻引向威胁更小的方向

如果进攻不可避免，小公司可以有意增加进攻者往某方面进攻的诱因，转移其进攻的方向，达到减少对自己的危害以保存实力的目的。

（3）减小对手进攻的强度

小公司可以在舆论上造势，分散对手的注意力，也可以先发制人采取佯攻的方式，适度攻击对方一下，使它调用一部分兵力防守，进而减低在主阵地上的进攻强度。

▚ 构建竞争壁垒，竖起防御屏障

竞争壁垒是指公司基于自身的资源与市场环境约束，构建有效的针对竞争对手的"竞争门槛"，以为公司开展稳定持续的经营提供良好的基础。

许多小公司对于竞争壁垒的理解还很模糊，认为只有在市场中"攻城略地"才是有效的竞争活动，而构建竞争壁垒似乎是一种消极的防御。的确，实施竞争壁垒战术更多地表现为公司对"存量市场"的一种维护，与进攻性活动所能获得的"增量市场"的效果似乎给人以保守的感觉。但需要强调的是，构建竞争壁垒并非仅仅是在对原有市场进行消极保护，而是公司根据对市场竞争形势分析做出的积极判断。表面上似乎是消极的"退"与"守"，实际上是为了将来积极的"进"与"攻"。

那种缺乏稳定的市场基础和足够的竞争资本，盲目地向竞争对手开展激进的进攻性活动，是一种不自量力、瞎冲瞎闯的表现，市场危险性极大，极有可能导致"出师未捷身先死""未成功已成仁"的结果。

构建竞争壁垒有利于向竞争对手发出强烈的警告信号——要么是进入的风险太大（如先进入者将与后进入者展开"鱼死网破"式的争夺）；要么是进入的成本太高（如通过价格竞争，切断进入者未来可能的利润来源）等，进而有效地阻止竞争对手的残食，确立公司稳固的市场地位。

构建竞争壁垒，是在成熟的小公司竞争策略中不可或缺的重要组成部分。甚至可以说，只知道进攻而不知道防御的小公司最终肯定是一家失败的公司。

小公司可以通过不断改进生产管理、降低生产成本、提高产品质量、进行技术革新等方法，来构建公司的竞争壁垒，持续深化、强化公司的壁垒，对竞争对手起到了有效的阻碍。

此外，小公司在构建营销壁垒的过程中，还要注意采取有效的防御措施，防止竞争对手们通过"合谋"来对自己进行"围剿"。要在壁垒的深度与强度上做好文章，提高壁垒应对竞争对手可能展开的围剿的"抵抗力"。

尤为注意的是，壁垒的创建与形成，对壁垒的维护与优化，不是静止不变的，而是一个动态的过程。小公司必须要随着市场环境、竞争对手、消费者的变化等进行适时、适度、适当的调整和完善壁垒。

首先，要建立一个针对市场环境的快速、有效的监测系统，以便及时把握市场环境的动向，进而制定出有效的对策。

其次，要注重提高自身的市场应变能力，能对竞争对手的动向或可能的动向做出迅捷的反应。

最后，要对消费者的消费特点、消费结构、消费趋势、消费行为等进行深入研究，注重实现由"追随消费"向"引导消费"的飞跃。这是壁垒战术能否有效实施的关键。消费者的消费变化趋势是公司经营、营销的风向标，也是壁垒创建的指南针。只有抓住消费者的消费趋向，公司创建的壁垒才能真正起到作用，也才能真正给公司带来更多的市场利益。

▍ 兵来将挡，水来土掩，积极迎战

防御战是一种既古老又现代的战术形式，它在现代商战中仍然是一种重要的竞争手段。

市场竞争，实质上是攻击与防御的较量，每一方都以对方存在为前提。对于行业内处于防御态势的小公司来说，其受到的进攻方主要来自三个方面：

（1）行业内原有对手。

（2）行业新入侵者。

（3）替代品的威胁。

商场如战场，弱肉强食、你争我斗，竞争的战斗从来就没有停息过。

在市场的夹缝中生存的小公司，每时每刻都会面临着大公司和其他竞争对手的攻击。

"兵来将挡，水来土掩。"面对对手发起的进攻，小公司当然不能坐视不管、无动于衷，要积极行动起来，组织力量进行防御，抵挡住对手的攻势。

（1）居安思危，防患于未然是重要的。

（2）要建筑坚固的壁垒阻击入侵者。

（3）必要时，应采取反击攻势，"教训"一下对手，保卫自己的市场地位不受侵害。

要有效地防御、阻止对手的进攻，采取有针对性的防御战术是非常有必要的。防御战术是抵抗进攻的作战行动，正确的战术可使进攻者望而却步，甚至碰壁败北，而防御者则"我自岿然不动"。

通常而言，商战中的防御战术包括以下几种：

（1）地点防御。

（2）机动防御。

（3）侧面防御。

（4）阻击防御。

（5）撤退防御。

▚ 小公司开展防御战术三原则

小公司通过一番苦心经营，依靠公司全体人员的艰苦奋斗，渐渐打开了市场局面，赢得了丰厚的收益。与此同时，也会被业内竞争对手"眼红"，特别是处于领先地位的大公司，它们不甘示弱，会以各种方式发动进攻。所以，一场针对竞争对手进攻而实施的防御战也就在所难免。

面对竞争对手的进攻，小公司要想打一场漂亮的防御战，需要把握好以下三大原则：

原则一：镇定自若，临战不乱，稳住自己的市场格局

在竞争对手强大的攻势面前，如果惊慌失措，就会不战自乱，让对手乘虚而入，未战已败。因此，在竞争对手发起进攻时，小公司管理者首先要做的应是保持情绪冷静，镇定自若，做到"泰山崩于前而不变色"，以"我"为中心稳定市场，稳住整个市场格局，再思考如何组织力量进行防御、反击。

原则二：对强大的竞争行动务必及时锁定

不能眼看着竞争对手步步逼近而无动于衷，面对竞争对手强大的攻势一定要部署力量，予以封锁。但要记住以下两点：

（1）必须赶在竞争对手确定其进攻地位之前采取行动。

（2）在防御过程中，掌握防御反击的时机十分重要。过早暴露"火力点"容易引火烧身，一定要等进攻者近些，再近些，才有可能准确而有效地“杀伤”竞争对手，取得胜利。

原则三：要有“攻击”自己的魄力和勇气

通常，由于公司的某些决策和行为的失误让对手找到了可乘之机，招来对手的进攻，所以不可有一时的大意，不能留给对手任何钻空子的机会。即使惹来麻烦，只要敢于面对现实，临危不惧，向自己开展“进攻”，开发新产品或服务，强化竞争优势，也是可以转危为安的。

小公司实施地点防御战术的要点

商战中的地点防御战术，主要是针对提高竞争对手的进入障碍，增加可以预料的报复手段，以及减少进攻的诱因而实施的防御措施。

地点防御战术的对策主要包括以下几个方面。

1. 防御性地增加规模经济

规模经济是指公司生产产品的成本随生产规模的增加而降低。规模经济的作用是迫使进攻者必须以大的生产规模经营，并且冒着防御公司强烈反击的风险进入市场；以小规模经营所带来的产品高成本劣势的拖累进入市场，这些都会使进攻者望而却步。

2. 差异营销

对于一般商品来讲，差异总是存在的，只是大小强弱程度不同而已。而差异化营销所追求的"差异"是产品的"不完全替代性"，即公司凭借自身的技术优势和管理优势，生产出在性能上、质量上优于市场上现有水平的产品，或是在销售方面，通过有特色的宣传活动、灵活的推销手段、周到的售后服务，在消费者心目中树立起不同一般的形象。通过实施差异营销，可以起到防卫本公司市场地位、保持客户忠诚度的作用，从而在一定程度上抵御了对手的迸攻。

3. 封锁销售渠道入口

可采取加大进攻者销售渠道入口的难度，甚至封锁住销售渠道的入口，从而形成对进攻者的市场封杀。封锁销售渠道的战术包括以下几点：

（1）增加销售力量，扩大服务范围。

（2）签署销售渠道的排斥性协议。

（3）填补产品种类、规模缺口，为销售渠道提供充足的货源。

（4）促销的价格折扣、批量折扣、时间折扣等。

4. 提高客户的转移成本

转移成本是指客户从一家公司转向另一家公司需要面临多大障碍或增加多少成本，即客户为更换公司所需付出的各种代价的总和。

这种成本不仅是经济上的，也是时间、精力和情感上的，它是构成公司竞争壁垒的重要因素。如果客户从一家公司转向另一家公司，可能会损失大量的时间、精力、金钱和关系，那么即使他们对公司的服务不是完全满意，也会三思而行。

同时，如果转移成本过高，那么进攻者必须在成本或服务上做出重大改进，以便客户可以接受，这样进攻者就会为此支付一定的成本，耗费一定的时间、精力和人力、物力。这样会给进攻者造成一定的压力，让他们知难而退，减缓进攻的幅度，或是停止进攻。

小公司可以从以下几个方面来提高客户的转移成本：

（1）与客户共同参与产品开发，或对其提供应用程序和效率的配套服务。

（2）为客户提供特殊服务，如培训、记录、咨询、保管、维护、修理等。

（3）与客户建立长期跟踪反馈信息联系，及时解决客户在产品使用过程中的问题。

5. 延伸产品线

产品线延伸是利用已成功的品牌，或品种优良的产品名称，推出改进型产品或新产品，以扩大产品的知名度和销售量。这一战术上也可以称为"借势"。通过这一战术，防御者可将竞争的战场转移到另外一个新的市场区域，甚至转移到竞争对手的领域，不必投入更多资源而达到削弱竞争对手声势的目的。

产品线延伸，可以分为横向和纵向两种：

（1）横向延伸就是以现有品牌为基础，发展同类的，甚至是不同类的产品。

（2）纵向延伸就是将产品系列化。这种延伸有以下三种形态：

①下行延伸：这种策略是把公司原来定位于高档市场的产品线下延

伸，在高档产品线中增加低档产品项目。

②上行延伸：原来定位于低档产品市场的公司，在原有的产品线增加高档产品的项目，使公司进入高档产品的市场。

③双向延伸：原定位于中档产品的公司，掌握了市场优势后定产品线的上下两个方向延伸，即一方面增加高档产品，另一方面增加低档产品以扩大市场阵容。

小公司实施机动防御战术的要点

在商战中，机动防御与军事上采取的行动差别不大，都是面对攻势的威胁，通过调兵遣将，灵活地配置资源，以挫败对方锐气。

机动防御是一种弹性较强，以制敌先机的战术，旨在使公司在遭受或可能遭受外来攻击时，及时调兵遣将，迎接挑战。

小公司实施机动防御战术，可以从以下三个层次来进行：

1. 产品上的“自我进攻”

许多公司有了受市场欢迎的产品后，就开始故步自封，不愿意有计划地进行产品更新，因为它们认为新产品会“侵蚀”现有产品的市场。但是，它们未能体会到：自己抢走自己的生意总比别人抢走要好。

因此，适时进行产品上的"自我进攻"，可以保护自己的市场地盘，相应地，也就阻挡了竞争对手的进入。

产品上的"自我进攻"，可以是进行有计划的产品更新，可以对产品进行改良，可以改变产品的生命周期时段等。

卡西欧为了保护在小型计算器市场上的领导地位，采取了一个相当成功的机动防御战略——新产品快速更新，以缩短产品的生命周期。由于卡西欧将产品设计开发与营销策略巧妙地融为一体，利用不断创新的产品及时满足消费者的需求，从而迅速而广泛地占领了这一市场，这一战术使那些来不及做出反应的竞争对手处于十分困难的境地。

2．扩展现有的产品市场

公司应当努力开发那些新的、一片空白的市场，拓展现有的产品市场，不断开拓其产品的销售范围，从而扩大自己的市场范围，消减竞争对手的市场范围。例如，在日本，家电行业已从收音机转向索尼的便携式收音机、从立体音系统转向更先进的视听系统，从电视机转向视频唱片和磁带录像机，市场空间变得越来越大。

实施机动防御的关键是：在竞争对手站稳脚跟之前，给予其快速痛击，以瓦解对方的攻击，巩固自己的城池。

小公司实施侧面防御战术的要点

竞争对手在发动进攻时，有时不是从正面而是从侧面寻找可作为突破的缺口，因此，侧面防御对小公司来说具有十分重要的意义。

侧面防御是指通过努力填补相关产品或服务的空白点，兼用营销、宣传、促销等手段，筑起自己的防御壁垒，不让竞争对手从侧面有机可乘。

1982年，百事可乐预料到七喜公司对“无咖啡因”可乐的大肆宣传，会对百事可乐在美国软饮料市场的地位和份额造成巨大影响。因此，百事可乐迅速完成了99%的“无咖啡因”可乐的研制，及时地推出针对挑战者的新产品，填补了公司产品在市场上的空白点。

与此同时，百事可乐投入一定的资金进行广告宣传，反复向消费者传达新产品“无咖啡因”的概念，在消费者心中建立起“百事可乐新产品无咖啡因”的认知，从而成功地抵挡了七喜公司的侧面挑战，捍卫了其市场领先的地位。

小公司要想成功地实施侧面防御战术，需要把握好以下三点：

（1）预测到竞争对手未来行动的方向和进攻强度。

（2）针对竞争对手的进攻，从侧面及时采取不同形式的反击行动，如开发新产品，提升对客户的服务质量，加大营销和促销的幅度等。

（3）持续不断地反击，巩固自己的市场阵地，阻止事态继续发展。

▼ 阻击防御，给竞争对手迎头痛击

在战争中，有进攻必有阻击。先发能制人，后发也可制人，只要战术运用得当。在竞争对手发动进攻之后，做出反应或反击，就是后发制人。

商战中的阻击，就是对竞争对手的攻击做出反应，目的是抵挡竞争对手的进攻，削弱竞争对手的进攻力量，以扭转局势，保卫自己的市场阵地，为公司构建和平、稳定的经营环境。

那么，面对竞争对手的进攻，小公司怎样进行阻击呢？

商战中的阻击战斗应周密侦察，精心运筹，主要的工作包括以下五个方面：

（1）全面侦察竞争对手的进攻势态，如对手的壁垒的强度如何？

（2）分析可能出现的进攻者，同时要分析其实力如何。

（3）预测竞争对手进攻的战略意图和可能的进攻路线。

（4）制定封锁竞争对手进攻路线的阻击防御战术。

（5）塑造公司作为"顽强守卫者"的形象，鼓舞员工战斗士气，打击进攻者的气焰，甚至瓦解其军心。

阻击防御战术包括产品阻击、促销阻击、价格阻击等。

◤ 产品阻击，保护公司的“口粮”

瑞士手表公司作为制表业的巨头，其机械表一直占据着无可争议的市场地位。无论是产品质量、价格、还是市场占有率，在世界范围内都难寻对手。可是，这位巨头也犯下了一个重大失误，那就是忽略了电子表、石英表的市场潜力，低估了卡西欧、星辰、精工表的营销力，加上饱受瑞士法郎汇率上升压力之苦，导致产品销售量一度一蹶不振。

1983年年初，瑞士手表工业陷入极大困境，领导性厂商瑞士钟表工业公司（ASUAG）手表零件制造商及瑞士钟表总公司（SSIH）眼睁睁地看着星辰表、精工表等夺走了瑞士表的大片市场，它们发起向瑞士表垄断的高品质、高利润的市场地位进攻。同时，瑞士表又受到比日本电子表、石英表更为廉价的香港、台湾手表的威胁。瑞士表两家领导性厂商的市场占有率从20世纪70年代的30%下降到80年代的9%，形势极为严峻。

1983年，瑞士钟表工业公司和瑞士钟表总公司从政府及银行获得9.5亿瑞士法郎的贷款后，合并成瑞士微电子及钟表工业有限公司（SMH），意欲对市场进攻者展开迟来的阻击。阻击的主力产品是廉价的电子石英震荡的新表——Swatch。

尽管是被动应战，但它们手中还有一张王牌，即瑞士表在全世界消费者心目中的形象，这是公司的无价之宝。于是，它们采取低价、新潮和瑞士名表的名贵形象相结合的阻击战术。它们推出的电子石英振荡手表是以高度自动化生产方式生产的，因此其生产成本非常低，而其表面的硬化树脂具有防震、耐高温功能。新表的厚度约为8毫米，重量约20克，配以不同的颜色，使它更新在强大的促销攻势下，又通过珠宝店的销售渠道销售，使零售价只有20美元的新潮表又披上了瑞士表高品质的外衣。

瑞士微电子及钟表工业有限公司以跟上潮流，保持形象的阻击战，使自己在短短三年之内就获得了很大的收益。虽然，"瑞士表一统天下"的时代已一去不复返，但亡羊补牢，大大降低了损失，有效地遏制了"多米诺骨牌效应"。

产品阻击战，多采用品牌形象力拉动需求、刺激需求，以抵挡住竞争对手对市场的猛烈蚕食。品牌形象与品牌实力一起构成品牌的基石，品牌实力是基础，它决定和影响着品牌形象，而品牌形象又在一定程度上表现品牌实力。

对小公司来说，要成功地实施产品阻击战术，应当努力提高公司产品的质量，尽快地打造出自己的品牌，并借助必要的宣传手段在市场和消费者心中树立其品牌的形象，强化品牌实力与品牌形象结合的威力，不让竞争对手有可乘之机。

促销组合阻击，变防为攻

20世纪70年代，美国香烟市场的领袖雷诺公司的市场占有率一直保持在32%左右，竞争对手菲利普·莫里斯国际公司紧追其后，其市场占有率急速攀高，从18%上升到31%。

为抵抗菲利普·莫里斯的进攻，雷诺公司调整了策略，实施促销组合战术。

在广告方面，雷诺公司取消过去对发行量很大的杂志的过度依赖，并企图打入妇女市场。1980年，雷诺公司改弦易辙，在报纸及广告牌上大做广告，持续不断地向消费者宣传，以巩固产品在消费者心中的形象。

同时，在产品线延伸方面，雷诺公司以原始产品为基础，在同系列品牌方面进行延伸，使公司得以在同系列品牌的协同作用下，配合有力的广告攻势，强化了新产品的市场地位，使公司的市场份额得到了突飞猛进的扩展，获得了惊人的大丰收。

各种促销手段通过适当的组合，可以增强实际绩效，而不同的促销手段又各有其特点。一般来说，促销手段包括公共关系、广告宣传、营业推广、人员推销。每个促销手段各自的作用对象又有区别。公共关系侧重于各类消费者及社会团体，广告宣传侧重于目标市场消费者，营业推广侧重于营业场所消费者，人员推销侧重于特定客户。

小公司在采取促销组合战术抵挡竞争对手的进攻时，应把握以下几个要点。

（1）产品属性对促销手段组合的影响

产品属性是指生活消费品和生产用品两类不同的商品。一般来说，生活消费品运用广告传递产品信息比较适宜，人员推销对机器设备等生产用品的促销作用比较明显。

（2）产品生命周期对促销组织的影响

以新产品为例，处于产品生命周期的导入期，人员推销与营业推广的作用则更为明显。处于成长期和成熟期时，广告的作用则更为显著。而产品一旦处于衰退期，公司关系对产品销路的影响会逐渐加大。

因此，实施促销组合阻击战术，要根据不同产品及其生命期不同时段，灵活加以组合。

▶ 价格阻击，不让竞争对手占便宜

随着产品的丰富化、多样化，生产同一产品的公司日益增多，导致产品结构雷同，市场上产品同质化很严重，行业的成长空间和利润增长空间趋于萎缩，一些公司为吸引客户购买自己的产品，占有更多的市场份额，扩大利润率，就会采取策略性降价甚至是价格战的方式来达到自己的目的。

在当前激烈的竞争环境下，价格的作用仍不可忽视，价格竞争的环境还没有消失，价格仍是公司开展竞争的一张底牌。

面对竞争对手的价格攻势，小公司如果按兵不动，袖手旁观，就会被竞争对手夺走自己的市场份额，原先的客户也会流失，导致产品滞销、积压，后果是严重的。因此，必须实施反击，通过降价、打折、季节性促销等手段，削弱竞争对手的攻势，阻止竞争对手掠夺自己的市场。

竞争对手的产品价格对小公司产品的市场销售影响极大，特别是那些容易经营、利润可观的产品及新产品，潜在的竞争威胁最大。小公司应该根据竞争对手所提供的价格和产品特点，采取相应的价格对策。这里主要有以下两种情况：

（1）如果竞争对手的产品与本公司的产品差别不大，那么必须把价格定得与竞争对手的价格接近，不要降幅太大，否则就会失去客户和销售市场。

（2）如果竞争对手的产品优于本私营公司的产品，那么必须把价格定得比竞争对手的价格低一些，以拉开距离，刺激和吸引客户。

在实施价格阻击时，小公司还必须把握好以下几点，才能使价格阻击产生预期的效果。

1. 把握时机

需要注意时机，既不能过早，也不能过迟。过早就会暴露自己的意图和价格底线，对手就会通过调整策略和价格来占据优势，过迟就会让对手长驱直入，独霸市场，从而无力挽回局面。要在对手刚刚发起价格战，客户还没有反应过来的时候，及时跟进对手实施价格阻击，就可以遏制对手的攻势。

2. 整体考量

要注意掌握降价临界点，降价只有在一个合理的幅度内，才能既对竞争对手形成威胁，又能较好地影响客户的购买行为，否则赔了夫人又折兵。据有关调研资料显示，当降价幅度达到8%~15%的时候，才能取得较好的价格战效果。

3. 科学计算

与竞争对手打价格战，要从公司整体利益考虑，需要用科学的计算来方式确保自己在价格战中受益，并控制价格战的结果。可以运用增量保润分析法来计算，即公司最少要增加多少销售量才能保证从价格战中受益。换句话说，要维持降价之前的利润不变，需要销售量增加多少，对价格战进行全面、系统的剖析，以及精确的计算，再做理性的分析与决策。

在市场竞争中，价格战可谓是人人闻之变色却又不得不应对的问题。打价格战，以低价吸引客户固然无可厚非，但这种相互报复性的降价会造成两败俱伤的结果，给整个行业带来利润的急剧下降，只能作为一种权宜之计，不是长久之策。小公司要努力提高产品质量，优化客户服务，通过向客户提供最有价值的产品与服务，创造出新的竞争优势来取胜。

▼ 及时撤退，重整旗鼓寻找新战机

在世界战争史上，一些最激烈、损失最大的战役，常常是由于对方拼死防守；一些名垂千古的英雄，也常是那些孤守山头、壮烈牺牲的勇士。实际上，这些牺牲与损失并非完全必要，因为大多撤退防御战略是"退一步，为进两步"的战略转移，目的在于从危殆不安的情势中，保存实力，重整军力。

商战与军事战相同，适当的撤退与转移才有机会继续进攻。刚愎自用，孤注一掷地守城或保护本应废弃的市场，等于自寻死路。

美国强生公司的纸尿布曾在市场上占据主宰地位。1988年宝洁公司推出质量更好的"乐肤爽"，向强生公司发动进攻，强生公司无法以竞争性产品取得防御的成功。本着"打不赢就走"的原则，没有负隅顽抗，于1981年撤离美国纸尿布市场，当年的市场占有率仅有10%，估计损失1500万美元，但这毕竟为强生公司赢得了喘息之机。

只有适当的撤退，才有继续攻击的机会。明知不可为而为之，必定走向毁灭。撤退防御往往不单是由于产品失败所致，社会压力、技术问题、政治需要等都可能造成对公司的全局性威胁。小公司应从战略高度审视、权衡这些威胁，不要怕打破"坛坛罐罐"，要该撤即撤，保存实力，以求未来一搏。

英国友尼利福公司经理柯尔在公司经营中，有一个基本的信条——

"不拘束于体面，而以相互利益为前提"。依据这一信条，他在公司经营和生意谈判中常常采用退让策略。在一定情况下，他甘愿妥协退步，以赢得时机发展自己，结果可能是退一步，进两步，实质上还是自身获益。

友尼利福公司在非洲东海岸早就设有友那蒂特非洲子公司，那里有丰富的肥料，并适合于栽培食用油原料落花生，是友尼利福公司的一块宝地，也是其主要财源之一。第二次世界大战结束后，随着非洲民族独立运动的兴起和发展，友尼利福公司这些肥沃的落花生栽培地一块块地被非洲国家没收，这使该公司面临极大的危机。针对这种形势，柯尔对非洲子公司发出了6条指令：

第一，非洲各地所有友那蒂特公司系统的首席经理人员，迅速启用非洲人。

第二，取消黑人与白人的工资差异，实行同工同酬。

第三，在尼日利亚设立经营干部养成所，培养非洲人干部。

第四，采取互相受益的政策。

第五，以逐步寻求生存之道。

第六，不可拘束体面问题，应以创造最大利益为要务。

柯尔在与加纳政府的交涉中，为了表示尊重对方的利益，主动把自己的栽培地提供给加纳政府，从而获得加纳政府的好感。后来，为了报答他，加纳指定友尼利福公司为加纳政府食用油原料买卖的代理人，这就使柯尔在加纳独占专利权。

在同几内亚政府的交涉中，柯尔表示自行撤走公司，他的这种坦诚的态度反而使几内亚受到感动，因而允许柯尔的公司留在几内亚。在同其他几个国家的交涉中，柯尔也都采用了退让政策，从而使公司平安地渡过了难关。

在市场竞争中，有时必要的退让可以换来更大的利益，一味地咄咄逼人则有可能使自己陷入死胡同。当然，退让策略的运用，既要适时，又要得体，一定要充分掌握对方的心理活动，自己要有必胜的信心。同时，要对自己控制局势的能力有正确的估计，万万不可不分时机地滥用。

第四章

抢占先机术，

以快打慢，快鱼吃慢鱼

在竞争中，先行动起来的一方总是占据先机，领先别人，更容易在竞争中胜出。"先下手为强，后下手遭殃"，说的就是这个道理。

小公司在规模、实力、人才等方面无法与大公司相比，因此要比反应、比快慢、比速度，先人一步，抢占先机，从而创造以快打慢、以小搏大、以弱胜强的奇迹。

▶ "先下手为强，后下手遭殃"

我国有句古话，叫作"先发制人，后发制于人"。意思是说，先动手就能制服对方，后动手就要被对方制服，也就是我们通常所说"先下手为强，后下手遭殃"。

拿破仑指挥军队作战，所向披靡，威名远扬。他有一句名言："我的军队之所以打胜仗，就是因为比敌人早到五分钟。"打仗是这样，早到五分钟会抢占有利地形，从而获取全胜。市场竞争也是这样，商场如战场，竞争中比别人早几天抓住商机，就会成为胜利者。步别人的后尘，即使不失败，也很难挣到大钱。

当今的市场竞争是以速度制胜的。谁先研发出新产品，谁先发现市场空白，谁先满足消费者需求，谁先抢占市场，谁就能在市场角逐中掌握主动。同类、同质、同价产品，谁先把它投放市场，谁就能控制市场制高点，其他公司若想拿下这制高点，就得花几倍、几十倍的力气，投入几倍、几十倍的费用。

有统计数据表明：在500个成熟的行业中，第一个进入市场的公司的平均市场占有率是29%，早期跟进的公司的平均市场占有率是21%，而其余平均市场占有率是15%。只有保持速度领先的公司，才能占据更多的市场份额，占据竞争的优势。

在21世纪，一切都处于高速运行和发展变化之中，到处都充满了不确定性。商海浪潮汹涌澎湃，市场竞争此起彼伏，每一家在商海中航行的公司，时刻要面对竞争对手的打击，时刻要面临危险的威胁。商海永远没有风平浪静之日，商战也永远没有平息之时。可以说，这不是一个最好的时代，也不是一个最坏的时代。小公司只有敢于提出新想法，先发制人，迅速做出行动，去引领商业的潮流，才能在这样一个山雨欲来风满楼的市场形势下，在这场没有硝烟的商业战争中，取得最后的胜利。

商海只适于快鱼生存

在看似风平浪静的大海里，海底世界却存在着这种现象：海底生物在弱肉强食的竞争下，用以大吃小的方式获得生存，就是所谓的“大鱼吃小鱼”。

以前，市场竞争、商场角逐流行“大鱼吃小鱼”。如今，市场竞争不是“大鱼吃小鱼”，而是“快鱼吃慢鱼”。

在当今市场经济的激烈竞争中，几乎所有的公司都在用尽全身解数抢占市场、扩大销量。市场先机稍纵即逝，速度就成为获胜的关键因素之一。此时竞争的成败，不能仅仅以"大鱼""小鱼"论，而要看"快"与"慢"，形成"快鱼吃慢鱼"的结果。

市场反应速度决定着公司的命运，只有能够迅速应对市场者，才能成为市场逐鹿的佼佼者。Modell体育用品公司的CEO默德在一次圆桌会议上重复了钱伯斯的这句话，他对与会的CEO们说："想要在以变制胜的竞赛中脱颖而出，速度是关键。"

正如非洲大草原上的动物们一样，当它们一开始迎着太阳奔跑的时候，狮子知道如果它跑不过速度比它慢的羚羊，它就会被饿死。而羚羊也知道，如果自己跑不过速度最快的狮子，它就必然会被吃掉。加拿大将枫叶旗定为国旗的决议通过的第三天，日本厂商赶制的枫叶小国旗及带有枫叶标志的玩具就出现在加拿大市场，销售火爆。作为"近水楼台"的加拿大厂商则坐失良机。有人曾形容说，美国人第一天宣布某项新发明，第二天投入生产，第三天日本人就把该项发明的产品投入了市场。

在市场竞争中，时间对于时机捕捉、市场开拓、生产效率、产品质量、创新技术等更具有紧迫性和实效性。因此，"快鱼吃慢鱼"意即"抢先战术"，是赢得市场竞争最后胜利的必要条件。

实践早已证明，在其他因素相同或基本相同的情况下，谁先抢占商机，谁就能取得最后的胜利，抢先的速度已成为竞争取胜的关键。闪电般的行动必然会战胜动作迟缓的对手，使"慢鱼"在没有硝烟的战场上败下阵来。实施“抢先战术”，意在“先”，贵在“抢”，因为商机是短暂的、有限的，是转瞬即逝的。正所谓“机不可失，时不再来”。

在市场竞争中，小公司必须突出一个“快”字，紧跟市场步伐，追求以快制慢，努力迅速应对市场变化。唯有如此，才能避免淘汰，竞争中占据优势，成为独领风骚的“快鱼”。

做一只“快鱼”，畅游市场的海洋

在当今的市场竞争中，“快鱼吃慢鱼”的现象时有发生。

在竞争激烈、以速度制胜的今天，只有在市场上领先对手的公司，才能立于不败之地。小公司要想在市场上立足、生存、发展，就要注重速度、注重效率、争分夺秒、抢占先机、争夺市场和客户份额，否则将面临被吞并、并购、关闭和停业的危险。

比尔·盖茨是微软公司主席和首席软件架构师。微软公司在个人计算和商业计算软件、服务和互联网技术方面都是全球范围内的领导者。

1975年，比尔·盖茨与保罗·艾伦在阿尔伯克基的一家旅馆房间里创建了微软公司。起初，微软只是一家不起眼的默默无闻的小公司，以研发、制造、授权和提供广泛的计算机软件服务业务为主。比尔·盖茨凭借个人的聪明才智和对市场的敏锐把握，将公司的业务做得如火如荼，微软开发的个人计算机操作系统逐渐占领了整个市场。

微软公司在78个国家和地区开展业务，全球的员工总数超过91000人。盖茨凭借个人计算机操作系统的独占优势，构建了自己的软件帝国。

但是，好景不长，这个软件帝国就遭到"免费操作系统"的威胁，特别是从20世纪90年代后半期互联网正式登场以后，每个人都可以自由地上网下载这种免费的操作系统。因为使用不是特别方便，所以尚未对微软造成极大的威胁。微软之所以能独占个人计算机操作系统软件市场的主要原因是易于操作的视窗操作系统所发挥的独特魅力，如果其他公司也推出具有同样功能的软件就会对微软造成致命打击。

与此同时，很多大型公司开始纷纷发出"微软的产品价格过高""为什么不降价"的抱怨声。甚至有公司威胁"要把公司内的操作系统全部换掉"，以逼迫微软降价，但是盖茨仍然不愿改变自己的做法，反而决定打出另外一副牌。

盖茨认为，在数字世界里每个人都能得到相同的机会，使用者是客户也是敌人，所以不能掉以轻心。对业界也是一样，如果不加快速度想好下一步该怎么做，可能就会被市场淘汰。

"Linux"免费操作系统刚一出现，盖茨就着手研发新一代的操作系统。正是由于盖茨快速察觉到情况的严重性并且迅速做出回应，因此Linux的出现，才没有对微软造成实质性的威胁。

以这个案例来看，我们把微软的实力归功于速度不为过。

速度决定一家公司的存在，也左右一家公司的发展。速度会转换为市场份额、利润率和经验。所以，也可以说是对市场反应速度快的公司将吃掉反应速度迟钝的公司。

拥有闪电般行动的"快鱼"公司，必然会战胜动作迟缓的"慢鱼"公司，使"慢鱼"公司在没有硝烟的战场上败下阵来。小公司要不想成为市场中被人追逐吞食的"慢鱼"，就要增强危机意识、市场意识、责任意识，要真正意识到"安于现状的公司早晚会完蛋"，并在实际行动中真正体现"速度"和效率，更要体现效益。唯有如此，才能在当今残酷的优胜劣汰的市场竞争中赢得一席生存之地，与大公司分庭抗礼，遨游在市场的海洋中。

▼ 小公司竞争要做到"先、快、抢"

在自然界中，猎豹在猎捕时，除了无与伦比的速度外，头脑是极其清醒的，它要在适当的时机，对准猎物的咽喉，果断出击。也许每次出击在很多时候不会成功，但只要迅速出击就会有成功的希望。自然界如此，市场竞争同样如此。

在竞争激烈的当今市场，速度成为竞争成功与否的关键所在。比同行更快、更狠，才有胜算。

激烈的竞争中，市场主动权永远属于那些"快一步"的一方！善于抢先一步的一方总能够不断从市场中获得沉甸甸的"金子"，而那些无法驾驭市场的一方只能跟在别人后边艰难困苦地挣扎。

经常听到有人在抱怨，抱怨市场不景气，感叹时运不济，可是无论什么时候，即使真的遇到行业市场不景气的情况，仍然有一些公司能获取较好的经济效益；市场大好时，也仍然有一些公司经营不善，举步维艰。面对这样的现实，我们应该停止埋怨，迅速行动。其实，在竞争越来越残酷的市场中，要想立于不败之地，取决于公司的经营方式，取决于公司能否在市场中抢占先机，能否在竞争中始终保持主动。

在这个信息爆炸的社会，谁能抢先一步获得信息，做出应对，谁就能捷足先登，独占商机。抢占能力成为占领市场不可缺少的能力之一。

翻看人类发展的历史，我们可以轻易地发现很多公司抢占市场、垄断市场的案例。30多年前，美国人弗雷德·史密斯最先预测到人类生活节奏的加快，将会对运输市场提出更高的要求，于是领先创办了"联邦快递"。如今的"联邦快递"已是全球最大的快递运输公司，遍布200多个国家。东星公司也正是正确判断了我国汽车工业将会蓬勃发展，及时制定实施了汽车空调器发展战略，从而实现了公司的快速发展。

市场无情也有情，这些公司用自己的实践告诉我们：谁抢占商机，谁就会取得最后的胜利，抢占市场先机，是赢得竞争胜利的根本所在！

在这个"速者为王'的时代，快速反应已成为公司的基本生存法则。小公司只有做到迅速地应对市场变化，敏捷地抢占市场份额，才能在激烈的市场竞争中立于不败之地。领先一步，领先一路！唯有抢占先机，才能遥遥领先。

◤ 速度！速度！还是速度！

"机不可失，时不再来。"犹豫是机遇的敌人，要想在市场竞争中赢得胜利，就需要有领先一步捕捉机遇的能力。

我们面对的世界，是一个充满变数并且竞争非常激烈的世界，跑得快不快，很可能成为决定成功与失败的关键。

华裔计算机名人王安博士声称，影响他一生的最大事情发生在他6岁时。有一天，王安外出玩耍，路经一棵大树的时候突然有什么东西掉在他头上，伸手一抓，原来是个鸟巢，从里面滚出一只嗷嗷待哺的小麻雀。他很喜欢它，决定把它带回去喂养，于是连同鸟巢也一起带回了家。

他走在路上，忽然想到妈妈不允许他在家里养小动物，只好小心翼翼地把小麻雀放在门口，急忙走进屋内，请求妈妈的允许。在他的哀求下，妈妈破例答应了他的请求。王安兴奋地跑到了门外，不料，小麻雀已经不见了。一只黑猫正在意犹未尽地擦拭着嘴巴。王安为此伤心了很久。

通过这件事王安得到一个很大的教训：只要是自己认为对的事情就应该毫不犹豫，必须马上付诸行动。不能及时行动，固然没有做错事的机会，但也失去了成功的机遇。

对于成功的企业家，他们的成功得益于在机遇面前有果敢决断和雷厉风行的魄力。他们有时难免犯错误，但是，比那些在机遇面前犹豫不决的人能力强得多，因而他们成功的机会也大得多。

海尔集团董事局主席兼首席执行官张瑞敏在一次互动培训课程中，面对70多位中高层经理，提出互动培训的主题是"推进流程再造"，并首先出了一个很像"脑筋急转弯"的问题："你们说，如何让石头在水中漂起来？""把石头掏空！"有人喊道，张瑞敏摇摇头。

"把石头放在木板上！"张瑞敏说，"没有木板！"

"做一块假石头！"大家哄堂大笑。张瑞敏说："石头是真的。"

此时，海尔集团副总裁喻子达顿悟："是速度！"张瑞敏斩钉截铁地说："正确！"他接着说："《孙子兵法》中有这样一句话，'激水之疾，至于漂石者，势也'。速度能使沉甸甸的石头漂起来。同样，在信息化时代，速度决定着公司的成败。海尔流程再造，就是要以更快的速度响应市场来满足全球用户的需求！"

上面这则小故事，反映出了海尔管理的"真经"。海尔从发展之初到今天所取得的成功经验，其中最重要的一个因素就是"速度制胜"。

今天的公司做决策最关键的是速度，争夺多大的市场份额关键是速度，营销计划能否顺利实现关键是速度，在竞争中取胜的关键也是速度。速度就是效率，速度就是财富，速度就是机遇，速度就是一切！在风云际会、群雄逐鹿的商战中，小公司唯有采取速度制胜的竞争战术，时时、处处抢在竞争对手的前面行动，才能在市场竞争中赢得更多的主动权。

▶ "闪电战"，打对手一个措手不及

《孙子兵法》中指出："故兵贵胜，不贵久。"意即用兵作战最贵速胜，不宜久拖。孙子的速胜思想，在市场经济高度信息化的今天，仍有其现实意义。

"兵贵胜，不贵久"的思想运用于商战之中，表现于做好准备之后，就要迅速出击，实施"闪电战"，以快攻配合作战，否则就会功败垂成。

松下和索尼的BetaMax对VHS之争，至今依然是商战中速战速决的经典案例。

1969年，索尼公司率先研制成功家用小型录像机，一时成了热门货。此时家用小型录像机还存在很多问题，在使用上并不是十分方便。

索尼公司也一直没有停止对家用小型录像机的改进研究，到了1975年4月，索尼公司终于完成了真正的家用VTR录像机的开发工作。而在这个继续开发过程中，索尼公司遇到了关于录像带规格选择的难题，两种录像带规格即BetaMax（Beta制大尺寸磁带录像系统）式和VHS（Video Home System，家用录像系统）式两者之间只能选择其一。开始的时候一般认为，BetaMax式录像带规格清晰度高，录像带体积也小，这也就能够使得录像机的造型也随之缩小，更加方便携带，但是只能录像一个小时。而VHS录像带格式能录像两个小时。另外，BetaMax具有那么多的优点，价格理所当然会高一点。那么究竟选择谁呢？索尼公司自信地认为，只要开发出好的商品，客户们自然会跟来。所以选择了BetaMax格式的录像带系统。在进一步的研发中，索尼公司又连续攻克了几个难关，到产品真正成熟的时候，BetaMax录像机的录像时间已经能够达到两个小时了，与此时松下公司的VHS不相上下。相比较而言，除了在价格上，BetaMax占尽了优势。

价格1300美元的录像机一经上市，便在青年消费者中引起了极大反应。1975年5月以后的6个月时间内，索尼公司售出了2.5万台家用录像机，后来，月销售量更是达到了1万台。

面对索尼咄咄逼人的市场攻势，松下当然不会坐视不管。他从其他部门、实验室和分公司广招贤才，寻求帮助，把各部门的技术骨干动员过来，经过一个月时间的协同作战，终于攻克难关，研制出能录制4到6个小时的录像机。

而此时VHS格式的另外一个优点也开始显露，那就是制造成本低廉。

该机上市时，它的价格比索尼机低15％。松下更是通过出售产品专利的方法，加速了战局的发展。索尼花了大力研制它的产品，自然不愿出售BetaMax的生产专利，希望借此独霸市场。松下却采取了一种策略，他更看重的是主导市场，希望成为行业标准模式的制定者。所以松下一上市就出售它的专利，并且迅速使它的产品成为标准产品。

1977年，索尼在日本市场的占有率为39.5％，排名第一，日本胜利占24.9％，排名第二，松下以16.6％的市场占有率排名第三。到了1978年，松下就以33.8％的市场占有率排名第一，索尼的市场占有率降到了33.2％，略低于松下，日本胜利则以22％的市场占有率退居第三。而随后，松下的市场占有率呈几何级数增长，而索尼的BetaMax则迅速衰落，最终淡出市场。

在BetaMax和VHS之战中，松下的获胜，速度是一个十分重要的原因。从松下的整体战略中都可以看到对速度的重视，力求在最短的时间内击溃索尼，而他也确实做到了。而在后来的DVD规格大战中，索尼又再次输给了松下、东芝、日立制作所等阵营，失败的原因也大致类似，可谓历史的重演。

美国的咨询调查公司的技术行业分析家理查尔德森说过这样一句话："世界上有两种公司类型，一种是快的公司，另一种是将要灭亡的公司。"只有行动迅速，精通"闪电战"，善用"闪电战"的公司，才能抢在对手的前面夺得先机，赢得竞争的胜利。在商战中，"闪电战"成为速度的代名词，成为胜利的代名词。

"闪电战"的成功前提，必须是情报准确、感觉敏锐和行动迅速。在对手还没有反应过来之前，抢占资源，垄断资源，就是独占先机，独断财源。

从市场竞争的诸多的成功之例来看，小公司要想在竞争中用好“闪电战”，发挥巨大的威力，需要把握好以下几点：

一是及时了解消费者需求的变化，眼观六路，耳听八方，能准确地掌握瞬息万变的市场信息，为决策奠定良好的基础。

二是具有一定的魄力和谋略，善于洞察市场的动向，敢于拍板，果断决策，在与对手的竞争中灵活地运智用谋，“先胜而后求战”。

三是坚持在“变”中取胜，立足于捷足先登，先人一步，瞄准市场的需求，不断推陈出新，变换产品的花样，改革经营的方法和手段，做到“战胜不复”。

◤ 以迅雷不及掩耳之势出击

1991年年底，中国台湾顶新集团把目光偷偷瞄准了大陆的方便面市场。当时，大陆的方便面历史已有十多年，仅北京一地，就有六十多条方便面生产线，源源不断地输送了一包包廉价快食面。但这些不同的厂家，不同生产线出来的快食面，虽然牌子众多，但普遍是品质低下，包装简陋，又不注重宣传，十几年如一日的一个模样、一个调子。顶新看准了大陆方便食品这个群龙无首的空档，决心打一场方便面大战。

1992年年初，顶新的首脑们既忙碌又紧张，因为他们已得知不少港台商人也在打京津的方便面市场的主意，其中包括统一集团。特别是像统一集团这样有实力的集团，如果先在京津打开市场，那么顶新将难与之抗衡。因此，顶新的念头就是：快！快！快！并投入了大量的资金，期望在牌子制作、广告宣传、产品质量、包装及营销等各环节中开足马力，一鼓作气，大打出手，既令众多对手望而却步，又使自己迅速占领市场。

几个月后，一种名叫"康师傅"的方便面出现了，"康师傅"方便面品质精良、汤料香浓，杯装面和袋装面一应俱全。与此同时，报刊上、电视上"康师傅"的广告铺天盖地，宣传最火热的时候平均每天仅在电视上就出现百次。如此"狂轰滥炸"之后，顶新集团的名声不胫而走。京城迅速刮起了一场购买"康师傅"方便面风潮。据顶新国际集团副董事长魏应行描绘当时火爆的场面：每天清晨，天津顶新公司的门前就排起汽车长龙，有的客户甚至是在公司门口席地而卧连夜等待。

在京城一炮而红后，顶新集团立即挥师四面出击，大举占领全国市场，到1994年上半年，顶新集团总投资规模超过了3亿美元，公司达到12家，遍布于北京、济南、上海、广州等市，日产方便面达30万包。

顶新集团以迅雷不及掩耳之势，迅速建立起自己在中国快食面行业的霸主地位。

在现代市场竞争中，抓住机会就是成功，而机会稍纵即逝，如果没有见微知著、敏锐果断的能力，就不能抓住机会。小公司管理者要培养自己见微知著的能力，在竞争中密切注视市场和对手每一个细微的变化，并分析出内在的本质，判断事情的发展方向，然后敏锐果断地做出决定，抓住机会，使公司在竞争中领先一步，取得成功。

▼ 抓住有"利"可图的一切机会

《孙子兵法》云："合于利而动，不合于利而止。"意思是军队的动止，要以"利"为原则，跟"利"符合就行动开战，不符合就停止不战。如何理解"利"？一是作战条件有利就行动，作战条件不利就停止；二是有利可图就迅速行动，无利可图就立刻停止。

在战争中，军队的武力竞争，归根结底也是一种商业利益的角逐。因为战争获胜者既能获得军事利益，也能获得商业利益。因此，军事谋略与商战谋略密不可分，并在极其广阔的商业领域里是相通相融的。

在商战中，为了争夺市场，并在市场上获利，公司同样也面临着"合于利则动，不合于利则止"的选择。因利而动，就能迅速开辟出一片市场。而准确地掌握市场动向，因害而止，也能在变幻莫测的竞争中占据主动。

广州白云制药厂，每年在外印刷药品包装和商标业务费用高达数十万元。为了减少费用，并获得利益，他们准备接收一家在广州、深圳地区因彩印饱和而处境艰难的印刷厂。他们认为，这样做有许多有利的因素：一是把这家印刷厂变为本公司的一部分，减少在外印刷的费用，可节约大笔开支；二是可以包揽同行业的印刷业务，增加公司的收入；三是当时广州、深圳地区没有一家专印药品包装和商标的工厂，我们捷足先登，肯定能获得大利；四是接收这家印刷厂，使之生存与发展有了保障，可激发其内部的积极性，为公司创造较多的经济效益。通过分析，他们认为，接收这家工厂利多弊少，经济效益一定可观。为此，他们果断决定接收这家工厂，并将其作为下属分厂，同时调整了其生产结构，以适应医药行业的需要。白云制药厂此举，不能不说是"合于利而动"的绝妙一招。

在公司之间的竞争中，决策的基本目标就是突出"利"，强调"得"，而最终获得经济效益。如果只知得"利"，而不去把握争"利"时的动止之机，其"利"则容易让于对手。所以，正确的要领应该是：在争"利"时，要及时因"利"而动，主动展开攻势，同时还要善辨形势，辨清危险，因害而止，调整"主攻方向"，以便在市场竞争中进退自如，获得大"利"。

在市场竞争中，管理者的决策思维，都是因"利"而驱动的。在相互争"利"中，使公司真正获"利"的关键在于公司管理者的思维。对于小公司的管理者来说，要想为公司在竞争中获得最多的"利"，就应具备相应的思维素质。

一是知己知彼，善于洞察形势。

要及时掌握市场的动向、消费者的需求；准确地判断竞争对手的行动意图和进攻方向，先发制人，抢先占领市场。

二是扬长避短，善于出奇制胜。

充分用己之长，并注重自己的优势，在时间速度上用奇，在产品工艺上用奇，在经营销售上用奇，力求使竞争对手意料不到或仿效不及，从而迅速实现公司经济效益的目标值。

三是审时度势，善于操纵战机。

适时抓住市场中有"利"可图的一切机会，主动发起争夺市场的攻势。在具体战术上，或施小利诱对手而动，或放弃眼前的小利，装聋作哑，使竞争对手进入误区，从而使自己获得更大的利益。

▼ 决策前慎之又慎，决策后坚决果断

随着全球化技术革命的发展和网络时代的到来，小公司的管理者不仅要关注未来的发展，更要有前瞻性的战略眼光，先人一步洞察市场的商机，抓住稍纵即逝的商机，为公司赢得宝贵的发展契机。所谓"行动领先一小步，竞争领先一大步"，说的就是这个道理。

人们常说："机会人人有，就看你能不能发现，能不能抓住。"这句

话讲的也是这个道理。小公司的管理者要善于抓住潜在的契机。

在激烈的市场竞争中，小公司的管理者要善于发现商机，把握商机，要做到这些应注意以下三点。

1. 以市场为标准，确定商业机会的范围

选择商业机会时不要去考虑自己熟悉与否，只需要考虑市场的前景如何。要跳出自己的小圈子，从市场的角度来考虑问题，才有可能发现极具市场前景的商业机会。

2. 收集足够的市场信息

任何决策的背后都需要有事实和数据作为支撑，否则无法确认你的决策是否正确。在获取大量的信息后，要进行认真的分析，找出最适合行动的时间，把握时机，一举成功。

3. 行动迅速

兵贵神速，迟缓、犹豫都会使商机稍纵即逝。所以在确定商业机会之后，管理者千万不能犹豫，这是在竞争中要获得成功的必备要素，即"决策之前慎之又慎，决策之后坚决果断"。

发现市场空白，才能抓住潜在的契机。始终处在"领先"的位置，才能让公司不断地拓宽发展空间。

▼ 小公司的管理者要培养决策果断的习惯

速度决定竞争成败，优柔寡断是市场竞争的大忌。作为一名小公司的管理者，一定要善于捕捉商机，并且能果断地下定决心。

小公司的管理者要在平时从多方面做出改变，比如心态、性格、做事方法等，逐渐培养自己多谋善断的能力和果断决策、高效做事的行为习惯。以下是一些建议：

（1）遇事有自己的主见，克服优柔寡断的性格。

（2）在处理事务时思想集中，在各种动机和目的之间及时做出取舍。

（3）确定计划和目标后，不要瞻前顾后、犹豫不决，否则将错失良机。

（4）把握住大局和事物发展的规律。

（5）敢为自己的决断可能产生的后果承担责任。

（6）培养决策能力，学会独立地处理问题。

（7）拓宽知识面，扩大信息量，辩证地、全面地分析和处理问题。

（8）多看报、多看时势新闻，多参加商业研讨会，增强预见力和洞察力。

（9）可以通过制订计划（如专题研究计划、体育锻炼计划等）并强迫自己执行，来培养个人意志的坚忍性和自我控制力。

（10）要培养乐观、开朗的心境，丢掉患得患失的思想包袱，遇事心平气和、头脑清醒、敢作敢为、敢于为自己的行为负责。

　　小公司的管理者应具有当机立断、把握机遇的能力。只要自己把方场调查清楚，计划周密，就不再怀疑和迟疑，立刻勇敢果断地做出决策，付诸行动。只有这样，才能在变幻莫测的市场局势中辨明大势，抓住稍纵即逝的机会，为公司赢得竞争的胜利。

第五章

出奇制胜术，

奇正相变，蚂蚁绊大象

孙子说："凡战者，以正合，以奇胜。"战争中，正面的硬碰硬不是最好的交战之道，胜败之关键在于出奇制胜。在激烈的商战中，小公司如果能善用奇正之术，虚虚实实，真假难辨，就可以进退自如，纵横捭阖，达到四两拨千斤、蚂蚁绊倒大象的神奇效果。

▼ 出其不意，用奇招出奇制胜

《孙子兵法》中指出："凡战，必以奇胜。"意思是打仗要避开常规战法，要用奇兵和奇法，达到出奇制胜战胜敌人的目的。这一战术不仅适用于战争中，也适用于现代商战中。

为此，聪敏的企业家都很注重根据市场形势的变化，适时地将这一军事谋略引入市场竞争和商品营销中，以实现出人意料的效果。

台湾的天仁茶叶公司所设立的天仁茶园，距基隆到台中的高速公路只有1.5千米，是游览车的理想地点。茶园门口，有相当宽阔的停车场。游客一下车，便可看到最醒目的两个大牌子，"免费奉茶"和"免费使用化妆间"。而当游客一经免费品赏了两杯天仁所提供的乌龙、香片等茶之后，一般都要买点茶叶带回去，这就扩大了天仁茶的知名度，增加了经济效益。

此外，天仁茶园还承揽参观业务，带领游客参观天仁茶场和机械化制茶的全过程，使游客对天仁产生了良好的印象，更增加了购买天仁茶的欲望。产销合一的茶叶观光区，使天仁名声远播，许多外宾南游时，都把此地列为必经之地。天仁茶园何以成功，还是该公司的负责人李瑞河道破了天机："在台湾有六七十年历史的老茶庄比比皆是，天仁是新招牌，如果不出奇兵，何以制胜？"由此可知，天仁的成功也全在于出奇。

公司在市场上的竞争，归根结底，就是产品的较量。从决策计划到生产销售，难就难在市场上短兵相接的竞争。正如古代兵家所言："与人桓对而争利，天下之至难也。"那么，又如何由难入易，争而不败呢？关键的一招，就是出奇制胜。即先人一步，捷足先登，以奇胜人。

香港有家经营强力胶水的商店，商品的质量很好，只因坐落在冷落僻静的街道上，生意很不景气。商店的经营者，为了获利，在商店门口张贴了一张告示，上面写着："明天上午，在此用本店出售的强力胶水将一枚价值4500美元的金币贴在墙上，如有哪位先生、小姐能用手将它揭下来，这枚金币就奉送给他（她）们，本店绝不食言。"很快，这个消息就不胫而走。第二天，人群不仅将这家商店围得水泄不通，而且连电视台的录像车也赶来了。店主拿出一瓶强力胶水，将那枚金币背后薄薄涂上一层，略等片刻，便把金币贴到了墙上。从第一个人开始试揭金币，一直到最后一个人，谁也没有把金币揭下来。这一切都被录像机摄入镜头内。从此，这家商店生意兴隆，效益大增。由此可以看出，这家商店的老板对在经营中如何运用出奇制胜的谋略，也是颇有研究的。

在市场竞争中，善于出奇者，就在于能谋人未谋，做人未做，抢先一步用妙计、用绝招，从而出奇制胜，产生奇效。

出奇制胜战术的核心是一个"奇"字，用出奇的产品、出奇的经营理念、出奇的经营方式和服务方式，去争夺市场、争取客户、战胜竞争对手。小公司的管理者要加强对这一战术的学习和研究，掌握好这种战术实施的要点，在营销和竞争实践中，力争以最少的投入、最低的成本、最小的代价获得最大的效果。

奇正相变，变化多端让对手难以捉摸

孙子在《孙子兵法》中阐述了“战势不过奇正，奇正之变，不可胜穷也”的认识之后，又形象地提出了“奇正相生，如循环之无端，孰能穷之哉”的结论。意思是，奇与正互相转化，在一定条件下奇可变正，正可变奇，奇正变化无穷无尽，就像一个圆环没有尽头一样，谁能穷尽它呢?

战场上，兵家伐谋用势，最基本的要求就是要因情入势地活用奇正之术，通变奇正之法。在“无穷于天地，不竭于如江河”的军事谋略中，凡“存乎一心，运用之妙”的智者，一般都是善于“以正合，以奇胜”的大家高手。

兵家善用奇正之术，获得的是胜利。如果企业家也善用奇正，同样也会获得竞争之胜。

“正”和“奇”之间是一种辩证的关系，“正”不永远是“正”，

"奇"中可能产生出新的"正"，"正"中出"奇"，"奇"中扶"正"。从战术上说，必须"奇正相变"，公司才能在激烈的竞争中出奇制胜。

具体来说，市场竞争中奇正之术的有效运用，关键在于把握以下三点：

1. 占他人之先

"先"意味着抢先占据市场空白。这样，自己就居于"稀奇"的地位。比如，北京有家劳动保护用品商店，当摩托车刚进入我国普通家庭时，他们发现了一个需求空档：摩托车驾驶员头盔。于是，该店立即采取行动，很快与有关单位联营，生产出一批头盔。不久，交通管理部门又公布了无头盔不准驾驶摩托车的规定，使这家商店经营的头盔一下成了热门货。

"先"，也意味着先他人退出"稠密地带"，然后又先他人占领新的市场空档。这正如美国明尼苏达采矿制造公司的一位高级经理所说的："我们的目标就是要稳定地不断搞出新型产品来。一旦我们选准了市场里某个位置并且打进去了，我们就要在那里统治三年或四载。在这段时间，我们是按产品对这些用户的全部使用价值来索价的……不过，当别人用类似的玩意，也许还以较低的价格跟了进来的时候，我们不跟他们来抢这块地盘，我们一般是让步，也就是撤出来。因为到那时我们已在为这个市场和其他市场研制着下几代新产品了。"

2. 灵活多变

灵活多变意味着公司的组织必须是流动的，能够适应环境的发展变化，因而在应付公司内外的事务中常常出奇制胜。成功的公司不会坐以待毙，而是去创造自己的内部市场，如国际商机公司就是通过无中生有地虚构出竞争者，在公司内部开展竞争，以此适应外部的变化。

再如，他们尽量不搞大规模经营；他们跟客户密切往来；他们鼓励内部竞争；他们在正式组织外容许非正式组织的存在，在正式的奖励外还设置多种非正式的奖励等。这些灵活可变的管理措施正是"奇正相变"的一种表现，它使公司处于一种"嘈杂而兴旺的环境"和"有组织的混乱状态"，从而应付多种意外事件。

3. 以迂为直

德国军事家克劳塞维茨说过："往往是最迂回、最曲折的路是达到目标的捷径。"以迂为直，讲的是采取间接手段达到目的，路线也许远了，但过程却更快了；时间也许更长了，但效用却更高了、更持久了。

宝洁公司在中国的市场可谓无往不利，这对于中国本土的日化公司是一个很大的挑战。但是奇强却在与宝洁公司的竞争中异军突起。

宝洁公司的产品占据了中国各大城市的超市货架，无孔不入，对此奇强无反手之力。在城市与宝洁争夺市场已经很难，奇强便采取了以迂为直战术，走"农村包围城市"的道路，将战场转移到了农村市场。在中国北方，如果你乘坐火车旅行会在不经意间发现很多地方有奇强的广告，比如在一段段老旧的砖墙上，一家家公司的烟囱上。这是奇强的战果，从1995年把产品定位在农村以来，他们已经在农村刷了60万平方米的墙了。同时，奇强利用当地的销售员把战场摆到了宝洁看不上眼的中国农村市场。

通过实施以迂为直战术，瞄准刚刚发端的农村市场，奇强以强大的攻势迅速站住脚跟，坐稳了全国洗衣粉市场老大的位置。

▰ 声东击西，制造假象诱对方上当

"声东击西"一词源于唐代杜佑编纂的《通典·兵六》："声言击东，其实击西。"声东云西，是指表面上或口头上叫嚷着要攻打东边，实际上却攻打西边，是一种制造假象使对方上当进而战胜对方的制胜战术。

声东击西在古代战场上运用较多。在当今的市场商战中，也可用声东击西这一计谋来混淆市场形势，迷惑竞争对手，使竞争对手难以有准确的决策，为己方创造有利条件，获取利益。

1973年，苏联人在美国放出消息说，打算挑选美国的一家飞机制造公司为苏联建造一家世界上最大的喷气式客机制造厂，该厂建成后将年产100架巨型客机。如果美国公司的条件不合适，苏联就将同英国或联邦德国的公司做这笔价值3亿美元的生意。

美国波音飞机公司、洛克希德飞机公司和麦克唐纳·道格拉斯飞机公司三大飞机制造商闻讯后，都想抢到这笔"大生意"。所以，便背着美国政府，分别同苏联方面进行私下接触。苏联方面则在他们之间周旋，让他们竞争，以更多地满足苏方的条件。

波音公司为了能够抢到这笔生意，首先同意苏联方面的要求：让20多名苏联专家到飞机制造厂参观、考察。

波音公司把苏联专家视为上宾，不仅让他们仔细参观飞机装配线，而且让他们钻到机密的实验室里"认真考察"。他们先后拍了成千上万张照片，得到了大量的资料，最后还带走了波音公司制造巨型客机的详细计划。

波音公司热情地送走苏联专家后，满心欢喜地等待他们回来谈生意、签合同。岂料这些人有如肉包子打狗一般，有去无回。

不久，美国人发现了苏联利用波音公司提供的技术资料设计制造了伊柳辛式巨型喷气运输机。这种飞机的引擎是美国罗尔斯·罗伊斯喷气引擎的仿制品，而且有关制造飞机的合金材料也是从美国获得。

原来，苏联专家穿了一种特殊的皮鞋，其鞋底能吸引从飞机部件上切削下来的金属屑，他们把金属屑带回去一分析，就得到了制造合金的秘密。

这一招使得一向精明的波音公司人员叫苦不迭，有苦难言。

在这个案例中，苏联人为了获得美国飞机制造商制造巨型客机的详细材料，故意放风说要挑选美国的一家飞机制造公司为苏联建造喷气式客机制造厂，从而声东击西，瞒住了波音公司，获得了巨型客机的制造材料和有关制造飞机的合金材料的秘密。

声东击西，是忽东忽西，即打即离，制造假象，引诱对手做出错误的判断，然后乘机战胜对手。小公司在使用这一战术时，必须事先对对手的情况进行充分估计，在实际运用时还要依据各方面情势的变化灵活变通，相机而动，做到似可为而不为，似不可为而为之，方能奏效。总之，方法虽只有一个，但可变化无穷。

◤ 欲擒故纵，放长线钓大鱼

欲擒之，必先纵之。想要抓住什么，可以暂且放任之。善于钓鱼的人，总是不急着收线扬竿。因为那样不仅抓不到鱼，还可能把钓竿折断。钓鱼人使用的这个办法，正是“欲擒故纵”。

欲擒故纵，指的是为了钳制对手，而故意先放一马，让其放松戒备，而后抓住时机一举击败对手。在这里“擒”是目的，“纵”是手段。“纵”是为了“擒”。但是，“纵”绝不是放虎归山，让对手养精蓄锐，形成东山再起之势，而是让对手不利的劣势得到充分暴露，等待时机成熟，为最后的“擒”制造必要的条件。《孙子兵法》中说的“围师必阙，穷寇勿迫”也是这个道理。

美国可口可乐公司为了打开中国市场，不是一开始就向中国倾销商品，而是先无偿向中国提供价值400万美元的可乐灌装设备，花大力量在电视上做广告，提供低价浓缩饮料，吊起你的胃口，使你乐于生产和推销美国的可乐。而一旦市场打开，再要进口设备和原料，他就要根据你的需要情况来调整价格，抬价收钱了。

在这个案例中，可口可乐公司采取的是“欲将取之，必先予之”的方法，实质就是欲擒故纵。可口可乐公司采取先无偿向中国提供价值400万美元的可乐灌装设备，使中国的相关公司尝到甜头，有实惠的感觉，同时以低价供应可乐浓缩液，做广告帮你开拓市场，这都是在“纵”。等市场打开后，中国公司要扩大生产能力，再买灌装线、可乐浓缩液，可口可乐公司就要你支付较高的价格，这就"擒"住了中国生产公司。

自进入中国市场以来，可口可乐风行中国，生产公司由一家发展到8家，销量、价格也成倍增长。美国商人赚足了钱，无偿给中国设备的投资早已不知收回几倍。这就是先让你尝到些甜头割舍不掉，然后再实施自己的计划，这种欲擒故纵战术在商场中很常见。

1966年，日本武田制药公司推出了一项看似刺激消费的活动——"武田制药爱福彩卷"抽奖。此次抽奖设1600多名高贵奖品，参加的条件非常简单，只要消费购买维他命E百锭一盒，便可参加。具体要求是，消费者要在空盒上注明自己的姓名与住址，以及药房的店名地址。

在空药盒雪片般寄来参加抽奖时，武田制药公司动员了许多专家来鉴定盒子的真伪。通过这一活动，他们最大的目的就是使假药上钩，这些假药和出售假药的商店多数都成了武田制药公司的瓮中之鳖。

俗话说得好："天下没有免费的午餐。"但往往有些商家对此却心存侥幸。欲擒故纵战术正是利用对手急迫或者是爱占小便宜的心理，先使对手尝到一些甜头，而逐步进入自己设下的布局，等到对方已经骑虎难下、欲罢不能之时，再出手将其制胜，轻松战胜对手。

在竞争中，小公司使用欲擒故纵战术可不拘一格，有时要"骄纵"，有时要"任纵"，有时甚至要"放纵"对手，其目的只有一个，那就是"擒"住对手，战胜对手。

▼ 暗度陈仓，麻痹对手暗中取胜

暗度陈仓，是指有意在某一地方展开佯攻行动，吸引对手调兵在这里固守的时机，暗地里悄悄地实行真实的行动，乘虚而入，战胜对手。

本计全称为"明修栈道，暗度陈仓"，出自司马迁《史记·淮阴侯列传》。秦末农民起义后，项羽与刘邦为争夺天下，进行了为期四年的"楚汉战争"。刘邦首先攻入咸阳，自立为关中王。项羽军事力量强大，刘邦把咸阳和关中让给了项羽，自己到了汉中。

与刘邦的守地汉中相邻的是章邯。刘邦为了迷惑项羽，防止章邯入侵，把出入汉中的栈道烧毁了。后来，刘邦逐渐强大起来，命韩信为大将，出兵与项羽一决雌雄。为了迷惑敌人，韩信派了一万多人马去修复烧毁的栈道。栈道修复工程艰巨，进展缓慢。章邯料定栈道修复绝非易事，毫无戒备。殊不知韩信的众多主力已抄小路向陈仓进军，很快攻下咸阳，占领关中。韩信采用一明一暗、以明掩暗的计谋，取得了夺取关中的重大胜利。这就是"暗度陈仓"的由来。

暗度陈仓是一种示伪隐真的战术，特点是将真实的意图隐藏在不令人生疑的行动的背后，将奇特的、非一般的、非正规的、非习惯的行动隐藏在普通的、一般的、正规的、习惯的行动背后，迂回进攻，出奇制胜。"明修栈道"表示公开的行动，"暗度陈仓"表示隐藏的真实意图。这一明一暗，实际上是一假一真、一虚一实，明、假、虚完全是为了掩盖和服务于暗、真、实。

在现代商战中，运用暗度陈仓的战术可以产生出奇制胜的效果。

北京五谷道场食品技术开发有限公司，在中国方便面快速消费品竞争白热化、产品严重同质化和几大巨头垄断的格局下，成功地策划了一出现代版的"明修栈道，暗度陈仓"商战大戏，由一家名不见经传的新注册小公司，一举杀出重围，成为2006年中国方便面行业中最矫健、最有争议的一匹黑马和一个最响亮、最耀眼的品牌。

对于一家新晋公司和品牌来说，如果不能够突发奇兵、异军突起，恐怕将永无出头之日。别说你有没有能力打持久战，就是你有这个能力，不等你峥嵘显露，就会被实力强大的竞争对手扼杀于摇篮之中。脆弱的生命只有不被对手关注，或者使敌方不屑一顾，才能够争取到宝贵的时间，休养生息，卧薪尝胆，运筹帷幄，伺机突围。

五谷道场诞生之时，正是面对着这样一个铜墙铁壁合围下的方便面市场，怎样才能在众目睽睽之下，将真正的战略意图隐藏起来，为自己争取必需的备战时间？

五谷道场开始并没有说要"拒绝油炸，留住健康"，也没有张扬要开发非油炸小麦粉的方便面。因为小麦粉的油炸方便面是方便面行业的主体和命根子所在，如果在筹备阶段就暴露出挑战的信息和意图，对手们或者群起而攻之，从金融到技术、设备、原材料供应等能够施加影响的方面给你设置重重障碍，或者他们比你还快，利用既有网络、渠道和资金实力等，率先推出非油炸产品抢占市场和消费者心智。不管怎样，只要被对方重视和盯住了，五谷道场难有出头之日。

　　鉴于此，五谷道场避重就轻，采取了"明修栈道，暗度陈仓"之策，即公开而大张旗鼓地宣扬要上马"五谷杂粮"方便面。这是向外界透露和发布的一个令人信服的信息，因为"五谷道场"品名本身就注定了是要生产五谷杂粮食品的嘛。而五谷杂粮方便面与小麦粉方便面，二者本身就不属于同一个品类，杂粮顶多只能算是一个非常小的品类和补充，能占到市场的百分之零点几就不错了，因此不足以令方便面行业中的老大们重视，所以"你嚷嚷就嚷嚷吧，看你还能吵翻天不成？"

　　不仅如此，五谷道场还在中国的另一方便面巨头河北总部的眼皮底下2.5千米之内设厂，安装了两条"杂粮系列方便面流水线"，日夜不停地进行安装调试。据说身边的那位老大哥公司还多次向"杂粮设备厂家"打听、证实设备开发调试情况，并屡次派人到五谷道场调试车间周围刺探情况。为了制造声势，五谷道场公司还请中国食品科学技术学会及其有关专家，对其玉米、荞麦、绿豆等杂粮的非油炸方便面产品进行了鉴定和评审，并进行了大张旗鼓的媒体报道和推广宣传，搞得天下人人皆知"五谷道场马上就要出非油炸杂粮方便面啦"。此为"明修栈道"。

　　五谷道场在"明修栈道"之时，也正在马不停蹄地准备"暗度陈仓"：悄悄地与台湾一家资深的方便面研发机构合作，进行着非油炸小麦粉方便面的产品及设备的研发。五谷道场原本计划在2004年年底产品上市，由于产品研发和设备原因，后来被迫修改计划到2005年春节投产。时间拖得越长，保密工作就会越困难，但天不遂人愿，设备迟迟赶不上来，不得已又推迟到2005年的八九月。可是到了方便面市场旺季来临时，产品还不能如期投产，这使得他们心急如焚。谁知"塞翁失马，焉知非福"，坏事反而变成了好事。五谷道场如此雷声大雨点小的运作，引得其他公司纷纷议论："你看看，我说杂粮方便面不好搞吧，他们还逞能，真是不知天高地厚。"不仅更加放松了警惕，而且还等着进一步看五谷道场的笑话呢！

之所以五谷道场产品上市计划一推再推，是由于"暗度陈仓"的道路确实艰辛和险要，非一蹴而就之功，从而也更加麻痹了对五谷道场本不看好的那些方便面厂家。

当五谷道场产品于2005年10月底金秋季节亮相市场时，整个行业惊呆了：五谷道场上市的产品非但不是原来大张旗鼓宣传的杂粮产品，而是劲道、爽滑、营养、健康的非油炸小麦粉方便面，直击年产销400亿包的油炸面主流市场。更使各位老大们意想不到的是，五谷道场聘请了大陆当红影视演员陈宝国先生做形象代言人，而陈宝国所拍摄的广告铺天盖地而来，更具有超强的冲击力。

5秒版的广告：陈宝国挥舞垒球大棒，狠狠地击碎飞来的一碗油炸方便面，顺势手掌有力地一推："拒绝油炸，留住健康——五谷道场！"短小精悍，出手狠，准、刀、稳，惹人注目。

15秒版广告：则是全国观众所熟悉的电视剧《大宅门》中的七爷形象。陈宝国扮演的七爷在拍摄现场，候场时剧务人员给七爷端上一碗油炸方便面，七爷生气地用折扇一挥，将面一扇子打飞："我不吃油炸食品！"当剧务一筹莫展时，另一勤务人员送上热气腾腾的五谷道场产品，七爷高兴地接受并分发给大家共享：“唉，这才是非油炸的五谷道场健康营养面，来大家尝尝。”随后，画面定格于剧组人员共同分享的情景：“拒绝油炸，留住健康——五谷道场！”立场鲜明，霸气十足，凸显五谷道场非油炸面健康营养的利益点。

广告通过中央电视台等媒体一经播出，市场顿时一片哗然，如巨石击翻了一池湖水，在行业内即刻掀起了一场轩然大波。等竞争对手们明白过来之时，五谷道场已迅速占领了北京、上海等市场。

在现代市场竞争中　暗度陈仓是一种有效的战术，小公司在使用这一战术的时候，必须事先“明修栈道”，以迷惑对手，还不能让对手看出破绽，方能顺理成章地实现自己的企图，以达到占领市场的目的。

◤ 假途伐虢，借对方地盘做自己的生意

“假途伐虢”一词源自春秋时的一个故事。

春秋时期，晋国想吞并邻近的两个小国：虞和虢，这两个国家之间关系不错。晋若袭虞，虢会出兵救援；晋若攻虢，虞也会出兵相助。大臣荀息向晋献公献上一计：要想攻占这两个国家，必须要离间他们，使他们互

不支持。他建议晋献公拿出自己心爱的两件宝物，屈产良马和垂棘之璧送给虞公。晋献公依计而行。虞公得到良马美璧，高兴得嘴都合不拢。

晋国故意在晋、虢边境制造事端，找到了伐虢的借口。晋国要求虞国借道让晋国伐虢，虞公得了晋国的好处，只得答应。晋国大军通过虞国道路，攻打虢国，取得了胜利。晋国班师回国时，又就势灭了虞国。

假途伐虢之计是指借虞国之路攻打虢国，借路渗透，扩展军事力量，达到不战而胜的目的。用在商战上，就是通过借助对方的地盘作为自己的生意战场，从而扩大生意，占领和兼并对方的市场。

在江苏靖江，我们见到了一位被称作商界奇女子的人物。她叫商翠云，在她的创业生涯中，就曾经生动演绎过"假途伐虢"的故事。

商翠云的创业始于1992年，起初她只是摆了个小摊。后来，商翠云用1.3万元买下了一个门面房，稳稳当当地做着她的服装小本生意。不久，一个浙江人想要租她的门面房，做面料生意，以前他是做服装生意的。既然浙江人由做服装转到了做面料，这就说明做面料更有赚头。商翠云这下坐不住了。她也想改做面料生意，但苦于找不到合适的进货渠道。于是，她想了个招儿。

商翠云对那个租房人说：我这个房子租给你的话，市面价当时是5000元一年，我租给你4500元一年。

那个租房人就问你为什么便宜我500元呢？

商翠云说，我花500元向你买个信息：你这个货是从哪里进来的？

那个浙江人犹豫了一下，还是答应了商翠云开出来的交换条件。当时，浙江绍兴的柯桥市场很少有人知道。取得"真经"的商翠云，带上仅有的3万元钱，马不停蹄地奔赴这个大型批发市场。

很快，浙江绍兴柯桥批发市场出现一个急匆匆的年轻姑娘的身影，赶早来，摸黑走，每次都是背走了一个大麻袋。从此，商翠云物美价廉的窗帘面料，在靖江算是小有名气了。但她并没有满足，她要把自己的生意做到浙江地盘上。

当时浙江人到全国各地做生意的很多，江苏人到浙江去做生意的人很少，所以当初去进货的时候，商翠云就想到浙江来做批发商。

商翠云先从常熟进坯布，印上花纹，然后到浙江柯桥批发市场出售。拿到德国法兰克福公司印花纸的她，做起生意来更是游刃有余。那些精明的浙江老板也不得不对这个身材小巧的江苏女子刮目相看。

一开始有昆明、沈阳及北京的客户到她这里批发货物，随着名气的扩大，全国各地都有客户到她这里批发货物。

借浙江之道登陆浙江市场，只是商翠云全盘棋中的一步。商海沉浮，她边"游"边学习，积累经验，不断地开拓市场。后来，商翠云的麾下拥有新世界富豪窗帘城、泰兴市富豪窗帘城、上海市七浦路批发部等经营实体，以经营中高档服装鞋帽为主。随着生意的不断扩大，商翠云又把目光投向了打造品牌和投资二业科技等方面。

善于取经学习，善于借助别人的成功经验发展自己，善于借别人的地盘发展自己的生意，这就是商翠云的成功生意经。

当竞争对手的力量较强大时，小公司可以运用假途伐虢战术，通过迂回发展，不断向渠道渗透，最后达到战胜对手、夺取市场的目的。

111

虚张声势，拉大旗做虎皮

虚张声势，是指制造声势蒙蔽对方，使对方误认为自己强大或有势力，因而“刮目相看”，跌入陷阱，从而轻松战胜对方，达到己方目标。

虚张声势，好比拉大旗做虎皮，借以扬威，震慑对方，收到以劣转胜、以弱胜强之功。在现代商战活动中，经营者一个大胆的计划、一种奇异的构思，配以虚张声势的行动，往往能收到意想不到的效果，达到轰动的效应和目的。

日本SB咖喱粉公司早先的营业收入甚不理想，公司的咖喱粉大量积压，一切的促销手段用后还是不理想。为此，公司走马观花似的一连换了三任总经理。第四任总经理田中上任后，开始也没能拿出多少办法，因为谁都知道公司的咖喱粉销不出去的原因是人们对SB公司的牌子陌生得很。咖喱粉又不是紧俏货，进口的、国产的咖喱粉市场上应有尽有，要使人们改变看法只买SB公司的咖喱粉，谈何容易。

由于公司销售量日益萎缩，入不敷出，流动资金已快告罄，大量做广告宣传已不可能，但若不进行宣传，就只能坐而等死。因此，唯一办法只能做一次直击要害的广告宣传，田中反复权衡后得出这样的结论。但这“直击要害”的广告如何做呢？哪个商家不想其广告一箭中的？田中日思夜想，也没想出好办法。他向部下征询建议，广纳众谋，也未能得到一个“一箭中的”的办法。

一天，田中翻阅报纸，看到一则关于一家酒店员工罢工的追踪报道。

文中说酒店的罢工问题已经得到圆满解决，酒店复业了，并且生意出现了前所未有的景气。这家酒店两个月前由于经营不当，生意萧条，老板不得不缩减开支，拖欠工资，致使员工不满纷纷罢工，闹得沸沸扬扬。因为当时日本的劳资关系一向非常和谐，员工罢工闹事的现象并不多见。因此，这场罢工成了新闻界热点，各家电台、报纸争相报道。

田中突然醒悟，这家酒店之所以复业后变得兴旺，完全是无意中借助了新闻界为其做了宣传报道，使其知名度大增，而招徕客户。SB公司何不也利用一招虚张声势吸引传媒界注意，为自己做无形宣传呢？经过一番深思熟虑后，田中心生一计。

几天后，日本几家权威报纸《读卖新闻》《朝日新闻》等，同时刊登了一幅令每一个日本人都感到震惊的广告。广告词中称："SB公司决定雇好几架直升飞机，飞临白雪皑皑的富士山山顶上空，然后把咖喱粉撒在山顶上。以后，人们看到的富士山将不再是白色而是咖喱粉？"

富士山——日本的一大名胜，其在日本乃至全世界人们的心中已然成了日本的象征。在如此神圣的地方，居然如此随意地撒上咖喱粉，国人怎能容忍。广告一出，果然举国上下舆论大哗。虽然许多人明知是SB公司的虚张声势之举，但也为其如此大言不惭而难于容忍，纷纷指责SB公司，SB公司的名字频频出现在报纸上，成为众矢之的，"富士山不是你一家的私产，岂容你为了做广告将它改头换面！""这是SB公司无视舆论的非法行径！""如果敢做，我们坚决不放过他。"

整个日本舆论界激烈地批评SB公司，可谓如火如荼，等到临近SB公司许诺的飞机撒咖喱粉的日子时，报纸上突然又出现了SB公司的一则郑重声明："鉴于社会各阶层的一致强烈反对，本公司决定取消原计划。"

正义的人们正在庆贺他们成功的同时，田中和他的SB公司也在庆贺他们的胜利，不但全日本都知道SB公司的名字，而且更重要的是人们都错误地以为这是一家实力雄厚、财大气粗的大公司。

因而不少小商小贩纷纷加入SB公司麾下，为其大力推销SB咖喱粉，SB公司咖喱粉一时间成了畅销货。

小公司资本不够雄厚，而又想扩大客户做成大买卖，并非一件容易之事。但如果能抓住人们的心理，在"面子"上面大做文章，从表面彰显自己的强大，让人们产生你的公司整体实力较强的印象，从而改变看法，从购买其他公司的产品转而购买你公司的产品。

在商战中，就虚张声势这一战术而言，至少有以下三点好处：一是威慑对手，本来是弱小却示之以强大，使对手不敢轻视。二是迷惑对手，使其在未搞清己方的实情前难以确定对付己方的策略。三是借尚未搞清己方之虚实或确定对策之际，己方可乘机进攻对手。所以，虚张声势的手段不仅很重要，而且很有用。

虚张声势，虽然不雅，但只要运用得恰到好处，不触犯法纪，不失为一条商战妙计，特别是对于许多财单势孤的小公司。

浑水摸鱼，“搅浑”市场得渔利

浑水摸鱼，比喻趁混乱的时候从中捞取自己的利益。

摸过鱼的人都知道，鱼在浑水中看不清去向，容易被捉住，所以摸鱼的人总是先把水搅浑，再凭双手在水中的感觉去捉鱼。搅浑水是前提，而目的却是“摸鱼”。

三国时期著名的官渡之战，便是典型的浑水摸鱼。为了扰乱袁军的视线，曹操令骑兵化装成敌军，将“水”搅混后，突然纵火烧粮，切断袁军后路，实现“摸鱼”的目的。

在现代的市场竞争中，众多的经营者都想从市场这个大鱼池里“捉鱼”，但并非每个人都能如愿以偿。只有那些独具慧眼、思维灵活的经营者才能成功“捉鱼”，渔利较多。

第二次世界大战后，日本百废待兴，十分需要电力资源。因此，日本到处都在不断地开发电力资源，开山铺路，修筑水坝，建造电厂。

当时，鹿岛、大成、清水、大林、竹中是全日本公认的五大建设公司，国内所有的主要大工程都被它们所垄断。

间组建设公司是一家专营隧道、大坝等土木工程的公司。一天，该公司的董事长神部满之助刚刚在外面进行业务活动碰了钉子，回到公司大发牢骚。他深深感到，不被看成一流的大公司，不仅自己不够体面，同时也不利于业务上与对手竞争。

"好吧，他们不承认我就搅他个天翻地覆！"神部是个雄心勃勃、斗志旺盛的企业家，当他的公司进入城市建设领域，企望进一步发展时，遇到了这样的障碍，他自然没有就此罢休，而是采用了一般人没有想到也不敢用的办法。

不久，日本各大报社都收到间组公司一笔广告费，其要求新奇而简单，五大建设公司刊登广告时，该公司也并列五大建设公司之后；在新闻、报道、评论等一切见报的文章中，凡提及建设业的大公司时，把以前的"五大建设公司"习惯用语改为"六大建设公司"。

收别人的钱，顺便做无损于己的事，各报社何乐而不为呢？

广告登出后，神部参加社交活动时，常常遭人明嘲暗讽，他一概置若罔闻、视而不见，对于"这就是六大建设公司之一间组公司的老板神部先生"之类的话，他欣然应允。

公司的部下却深感不安，因为毕竟间组公司与五大公司还有一段差距，而且在间组之上的公司还多的是。像那样的广告，既被别人耻笑，还会被人误解为"骗子公司"的。

神部理解他的部下，然而他自有他的如意算盘。

神部没有失策，尽管知情者嘲讽、厌恶他，建设业的舆论却被他搅乱了，不知情者却慕名而来，间组公司当然也没有让他们失望而去。从此，间组公司的业务扶摇直上，规模也越来越大，逐渐把一些原来在其之上的公司一家家抛在后面。

三年后，神部的愿望实现了，间组公司终于名副其实地成了日本第六大建设公司。如果日本建设业舆论一泓清水，没有被神部借报社之力搅得混混沌沌，很难想象，间组公司能否登上第6位的宝座。

浑水摸鱼的关键，在于制造声势，搅浑对手主导的市场，打破对手垄断市场的局面，趁着市场的混乱，悄悄地把“鱼”摸去，实现己方的目的。

需要注意的是，实施浑水摸鱼战术，必须以遵守商业法纪为前提，在法律许可的范围内进行。小公司要努力改进公司的经营状况，不断提高产品质量和服务水平，让自己有浑水摸鱼的资格。那种靠坑蒙拐骗、以次充好、以劣充优的做法，既干扰了市场秩序，也损害了消费者的权益，最终公司也深受其害。这是要坚决杜绝和摒弃的。

实则示虚，放烟幕弹吓唬对手

“君子用谋，贵在虚实不定，真假难辨。”历览古今战争，无论是在运筹帷幄、决胜千里的指挥部里，还是在硝烟弥漫、白刃相向的两军阵前，莫不以真真假假、虚虚实实、真假难辨、虚实难分的战术来迷惑对方，战胜对方。

虚实不定谋略的一个重要表面就是实则示虚，即先隐匿自己的行动和意图使对手迷惑不清，犹豫不决，然后乘机采取明确而突然果敢的行动，令对手措手不及，无力还手，从而让自己占据主动，取得胜利。

实则示虚，是军事上的计谋。在现代商战中如能灵活运用，同样也会产生奇效，带来经济效益。

美国某航空公司要在纽约建立一座巨大的航空站，要求爱迪生电力公司按优惠价供电。

电力公司认为，航空公司有求于我，自己占有主动地位，于是故意推说公共服务委员会不批准，不予合作，以此要挟抬高价格。在此种情况下，航空公司大胆操起了"实则虚之"战术，主动中止谈判，并向外界放风，扬言自己建厂发电比依靠电力公司供电更合算。电力公司得知这一消息后，担心失去赚大钱机会，立刻改变了态度，还委托服务公司委员会前去航空公司说情，表示愿意以最优惠的价格给航空公司供电。

如此一来，航空公司不费一兵一卒就达到了目的，还获得了更优惠的价格。

实则示虚，"实"是目的，"虚"是手段。只有以"虚"迷惑对手，将"实"隐蔽而不外泄，形不露迹，使对手不怀疑自己，防备松懈，才能制造战机，打败对手。

在以经济利益的争取和获得为根本目的的公司经营中，实则示虚的谋略有着更为广泛的施展途径。比如，明明要引进某种技术，却制造某种技术还有何种缺陷，不易使用的舆论，以压低对方销售价格；本来自己在研制某种新产品，却宣扬别的产品而转移竞争对手的注意力，以掩人耳目，以新取胜等。只要能够把握“实则示虚”的本质，做到因时、因地、因势、因人而用，不搞简单模仿和生搬硬套，就能够获得理想的效果，达到预期目的。

在具体应用实则示虚战术时，还应处理好以下几种关系：

一是“实”和“虚”的关系。两者一定要相辅相成。“虚”的目的是要使对方按着“实”的反方向去判断和行动。

二是真和假的关系。“假作真时真亦假，无为有处有还无”，“虚”越逼真，真“实”的效果才能越好。

三是“实”和“虚”之间转换的关系。“示虚”收到相应的效果后，要马上施之以“实”。失之过早和失之过迟，都会影响“实”的效果。

在看不见硝烟的商战中，小公司要正确、灵活地运用实则示虚战术，因地制宜，因势利导，在虚实之间掌控全局，化己方被动为主动，变对方优势为劣势，从而击败对手，取得最终胜利。

▶ “商不厌诈”，布迷魂阵迷惑对手

《孙子兵法·军争篇》：“兵以诈立。”“用诈”是古今军事家的一个基本用兵原则，古今中外以“用诈”而成功的战例不胜枚举。

在商战中，"兵不厌诈"应视为正当技巧，因为在形形色色的竞争中，确有投机、诈骗、不择手段者，遇到这类不义之人怎么办呢？讲仁义？讲忠诚？显然会吃大亏。对待这种人，就应该像军事斗争中对待敌人那样，以其人之道，还治其人之身。

另外，用诈，一方面需要超凡的智慧，要掌握对手的弱处，伺机而动；另一方面要提防陷入对手之诈。

近年来，美国环球航空公司不断改进质量，开展优质服务，电话订票，为行动不便人员免费40%使用最舒服的客机。因此，该公司的声誉不断提升，深受客户的欢迎。

这引起了竞争对手太平洋航空公司的关注和忌妒。于是，太平洋公司派出间谍帕克前往环球公司刺探情报。

帕克经常乔装成乘客，前往环球公司进行情报收集活动。环球公司每周都公布一周内旅客数量，并显示在候机楼的大厅里。这当然是帕克感兴趣的情报数据。

经过一段时间的侦察，帕克并未发现有什么异常。因为近两年来环球公司的生意较为平稳，以最近一月为例，第一周乘客量为1万人，第二周为1.1万人，第三周为0.9万人，第四周为1.2万人。

帕克的情报，令太平洋公司吃了一颗定心丸。它觉得这个后起的竞争对手在近期内不会构成威胁，那些所谓的"优质服务"不过是一些好看而不实用的噱头而已。

两年后，环球公司突然显示每周乘客人数达3万左右。太平洋公司得到帕克的报告后，大为吃惊，立即召开董事会，紧急商讨对策。

经过激烈的争论，董事会终于做出决定，该公司所有机票降价10％。谁知，宣布决定后的第二天，环球公司宣布减价15％。

太平洋公司气得七窍生烟，这明明是要抢自己的乘客嘛，于是又宣布降价25％。对方也毫不示弱，立即宣布降价35％，并宣称任何旅客订环球公司机票的电话费一律由该公司支付。

几经折腾，太平洋公司在这场价格战中大伤元气，可在这种优胜劣汰的竞争中已没有第二条路可选择。它只好硬着头皮与对手血战到底，于是也宣布了同样的决定。

一年后，太平洋公司终因飞机陈旧、安全系数小、服务质量不如竞争对手，加上经济实力较弱等原因，无力再支撑下去，宣布破产倒闭。

其实，环球公司两年中提供的情报数据全是假的，明明每周乘客人数达2万多，却显示为1万左右。在两年期间，环球公司避免了竞争对手的注意，悄悄地积蓄实力。两年后，环球公司羽毛丰满，实力雄强，已有能力与竞争对手正面硬拼，并可将其拖垮，于是突然显示乘客人数已达3万，以此来引蛇出洞。果不出所料，太平洋公司见到情报后，被迫"应战"。其实，此时的环球公司每周乘客人数仅2万左右，此时的虚假和原先的隐瞒一样，都是为了迷惑对方。环球公司巧布情报迷魂阵，用假情报诱使对手上当受骗，从而从容地将竞争对手打垮。

兵不厌诈是亘古不变的用兵之道。通过各种手段向敌人传播错误的信息，可造成敌人的错觉和心理恐慌。

从"兵不厌诈"到"商不厌诈"究竟有没有什么太大的区别？其本质是不是相同呢？兵战与商战，也许在手段与方法上有许多相似的地方，但是其本质上是有区别的，二者根本就不是一回事。兵战是以消灭敌人的生命、掠夺敌人的财富为目标的；而商战却是以获得更多的交易机会、更多的成交额为目标的；如果大家都比较大气的话，甚至可以实现双赢或多赢。

商家如果想在短期内取得出奇制胜的效果，采取一些故弄玄虚的手段，放烟幕弹，让竞争对手摸不透、看不清自己的战略意图，达到震撼性的效果，迅速抢占市场，也无可非议，但前提是不能采用损人利己的损招和阴险手段。

那些计谋性的东西或许能给公司带来短暂的业绩，但绝不是公司竞争取胜的法宝。打造诚信社会，诚信于天下，应是中国公司生存与发展最基本的竞争原则。公司在竞争中最终取胜是靠价廉物美的产品、靠公司的实力、靠品牌的影响力、靠优秀的公司文化、靠公司的核心竞争力。

第六章
游击骚扰术，
以小搏大以弱胜强

大公司兵强马壮，钱多粮足，小公司人少钱少，若是与大公司正面交战，小公司很难取得胜算。小公司与大公司竞争，要尽力避免打正规战，多打游击战。

实施游击战的好处在于，战术灵活机动，"打一枪换一个地方"，通过不断袭击、骚扰对手，消耗对手实力，以拖垮对手，乘机取胜。

游击战助小公司以弱胜强

在战争中，游击战是以非正规部队以非常规战术，对对手进行间歇的袭扰和小型打击的战术，目的在于消耗对手的精力，瓦解对手的实力，削弱对手的兵力，最终战胜对手。

游击战，从字面看，“游”是走，“击”是打，意思就是游动攻击。游而不击是逃跑主义，击而不游是拼命主义。

游击战以袭击为主要手段，具有高度的流动性、灵活性、机动性、主动性、进攻性和速决性。游击战的精髓是“敌进我退、敌驻我扰、敌疲我打、敌退我追”。

在商战中，游击战也是一种有力的攻击战略，它可以积极地、灵活地骚扰和瓦解竞争对手，采用“神不知鬼不觉”的手段使竞争对手防不胜防，最后迫其就范。

游击战的形式多样，不拘一格，灵活机动，投入小，收效大，是一种以小搏大、以弱胜强、以少胜多的战术，非常适合于小公司与大公司进行竞争、对抗。

总结国际商战中的游击战术，不外乎以下两种。

1. 市场重点进攻

以市场为重点的进攻，就是从各处袭击对手，出其不意，而且通常是"打一枪换一地"，进而逐步建立起自己的根据地。

2. 非市场重点进攻

这种进攻方式极具隐蔽性，其着眼点在于"放长线，钓大鱼"。看似与市场争斗无关，其实所做一切都是为争夺有利先机在做铺垫，以相机攻击对手的薄弱环节，不露声色地击败对手。

对小公司来说，实施市场游击战术要把握好以下要诀：

（1）贯彻"敌进我退、敌驻我扰、敌疲我打、敌退我追"的原则。

（2）游击进攻"点"要小到足以取胜。"小"的含义可以是地理上的某一点，某产品系列的一种，或时间上的某一刻。总之，要小到让那些大公司难以进攻。游击战并没有改变商战中的兵力原则——大公司占据着市场的主要阵地，但它应尽量缩小战场以便赢得相对兵力优势。换句话说，小公司要成为小池塘里的大鱼。

（3）游击进攻方式要根据市场的变化、竞争对手的动态来决定，要灵活变通，善于变化，不能照搬照抄，拘泥教条。商战成功的关键，在于针对外界环境的变化制定战术，而不是根据自己的情况制定战术。

（4）实施游击战也要考虑风险，谨慎使用，不可麻痹大意。一定要随机应变，量力而行，绝不可逞强冲动，贸然进攻。在挑起游击进攻的战火之前，必须进行敌我方力量的比较评估，预测遭受报复的可能性及其程度。一旦进攻不顺，就要及时撤兵，调整战术，再寻机进攻。

▶ 见缝插针，乘虚而入占领市场

见缝插针，是指利用一切可以利用的空间、时间或机会来实现自己的目的。在商战中，如果把"缝"看成一种机遇的话，"见缝"则是要善于发现机遇，捕捉机遇，然后不失时机地"插针"，乘虚而入，撬开市场，实施自己的经营蓝图。

某公司在洗衣机领域是全国数一数二的，该公司曾在浙江市场发动了一场大规模的降价活动，强大的品牌拉力加上锋利的价格利刃，一时使一些行业强势品牌也纷纷让路，绝大多数小品牌更是雪上加霜，产品销售可谓"颗粒无收"。在这场降价风潮过后，该公司在盘点市场时，发现在很多同行公司受到不同程度的冲击时，一家以前名不见经传的某小型洗衣机公司不但安然无恙，而且其产品市场销量大幅增加，跃升为当地小有名气的地方品牌。

该小型洗衣机公司是如何在强大的市场压力下生存发展的呢？

原来，该小型洗衣机公司主要以农村和小城镇为目标市场，避开了与大品牌在中心商业城市的竞争。同时，该公司还有一个杀手锏：洗衣机的水管可以随意加长。而很多大品牌公司一是出于成本和市场操作的规范化的考虑，不愿意在农村和小城镇投入；二是其大规模的生产模式决定了其水管长度的统一。这样，某小品牌便在市场上避免了与众多大品牌硬拼，相反地，它抓住大品牌的软肋，乘虚而入，最终以弱胜强，赢得了特定市场竞争的胜利。

当年，日本富士软片公司的实力还不足以与美国柯达公司相对抗的时候，他们便采取"见缝插针"的战术，暂时避免与对手发生直接对抗，而在虽小但可以获利的市场空隙，推销适用于柯达相机标准的底片。这一行动填补了市场空隙，不但打击了较弱的竞争对手3M，而且夺走了势力较大的爱克发软片公司在美国的部分市场。从开发柯达公司不太在意的市场入手，以增强公司实力，磨炼竞争艺术，为最后与柯达公司一搏做好准备。这就是富士公司最终取胜的成功策略。

在商场如战场的激烈竞争中，小公司应当深知"见缝插针"战术的重要性，要通过各种方式和渠道，将市场行情和竞争对手的产品设计、经营策略与发展趋势等了解清楚，通过反复分析，搞清竞争对手的弱点与缺陷，确认竞争对手的致命伤，明确被竞争对手所忽略或服务不足的市场空白，以及尚未开发的市场区域，然后见缝插针，乘虚而入，迅速填补市场空白，建立自己的市场阵地。在这些空白市场被填补之后，再进一步转向开发新的空白市场。

小公司要想成功实施见缝插针战术，必须把握好以下三点：

一是广泛调查，掌握市场动态。

只有重视与积累市场信息，及时、准确地分析与利用市场信息，确定市场中的"空"与"实"所在，才能避实击虚，乘虚而入，使公司立于不败之地。否则，任何随意的见缝插针，盲目地去填补市场、创造市场，只能给公司带来巨大的损失。

二是兵贵神速，行动果断。

根据市场动态分析，一旦确定主攻方向，就要马上集中一切力量，将产品设计迅速转变成商品，捷足先登。同时，要严格注意对自身机密技术和规划蓝图加以保密，以免被别人窃走，抢先推出，受制于人。

三是要有冒险精神。

市场中的"虚"与"实"是个动态概念，处于瞬息万变之中，是具有一定风险的。从一定意义上讲，风险和利益成正比，风险越大，成功之后所得的利益也就越大，利益是对所承担的风险的补偿。

这就要求管理者必须具有敏锐的眼光和科学的辨别能力，善于辨别市场信息的真伪、时效及其价值，捕捉时机，果断决策，出其不意，攻其不备，开拓新市场，创造新市场，以新取胜，以奇取胜，以优取胜。要实现这一点，没有冒险精神是不行的。

▶ 围魏救赵，避实击虚迂回攻击竞争对手

围魏救赵，是避开与对方的正面冲突，选择另一个突破点的迂回战术。这个突破点应该既与我们的目的有极大关系，又正是对方的薄弱之处。绕开问题的焦点，攻击对方的软肋，将自己从险境中解救出来，从而取得一招制胜的神奇效果。

在现代商战中，围魏救赵已成为商家们常用的竞争谋略。

英国航空公司成立于1924年，是一家历史悠久、久负盛名的航空公司，经过多年的经营，逐渐发展成为英国航空领域的标杆公司、全球最大的国际航空公司之一。

继英航之后，英国又相继涌现了一批新兴航空公司，它们推出各种举措向英国发起挑战，试图取代英航的市场地位。直到20世纪80年代初，无数新兴航空公司挑战英航的图谋均告惨败。英航拥有几乎垄断的地位，使得竞争者毫无希望。

1984年，英国维珍大西洋航空公司（以下简称维珍航空）成立，计划提供来往英国的大西洋洲际长途航空服务。

此时，维珍航空面临众多不利因素，它缺乏资金、政治影响、经验，而且控制不了订票系统。所以当维珍航空开辟大西洋航线后，许多业内专家表示怀疑，认为它的失败是不可避免的。

鉴于英航的规模与声誉，可以说英航能对付所有的直接竞争者。然

而维珍航空的举措让人们不可思议，它在棋盘上摆了个前所未有的棋子：把自己的品牌引入航空业务，向乘客提供娱乐服务，同时推销游戏、唱片等产品，从而制造了一个强大的"新盟友"。维珍航空在音乐行业是个很著名的品牌，在世界各地有着广泛的影响力。这样一来，英航面对的不仅是维珍航空，而且是维珍游戏、唱片。维珍航空每卖出一款游戏、一张唱片，都在帮助维珍航空大西洋赢得乘客。

更让英航头痛的是，维珍航空还将它的业务扩张到无线电、电视、旅馆行业。受到来自不同方向的攻击，英航不能再像对付新兴航空公司那样，轻而易举地把维珍航空排除在行业之外。5年内，维珍航空赢得了1000万英镑的利润。5年后，它的航线扩展到亚洲、澳洲。维珍航空通过巧妙实施"围魏救赵"战术，使英航顾此失彼，从而赢得了一连串的胜利，奠定了其英国第二大远程国际航空公司的地位。

围魏救赵，"围"是手段，"救"才是目的，要达到"救"的目的，就要分散对方注意力。比如在拳击赛中，选手最脆弱的部位是头部。强势的拳击手常将对手逼到绳边，对手多半会以双拳双臂护住头部，以抵挡攻势。这时，攻击者最常用的一招便是围魏救赵，不断攻其腹部，使其招架不住，被迫转移防线来保护腹部，攻击者便趁机对他的头部出拳，予以致命的一击。

运用这一战术，公司管理者需要有过人的眼光、超群的才智、广博的知识，善于观察周围的环境变化，发现和寻找机遇；精于抓住机遇，有敢冒风险的胆魄；善于抓住对方的弱点，采取避实击虚，以己之长克人之短。

在商战中，围魏救赵战术通常表现为结盟或分兵方式，从两面围剿竞争者。哪怕毫不相干的业务（如唱片批发和航空服务），也寻找足够的共同点，进行组合联盟，只要协调得当，配合精巧，便能增强自己的竞争优势，给对手致命的一击。

通过实施围魏救赵战术，小公司可以在自己实力有限的情况下，避开强大的竞争对手，以迂回的方式在对方不擅长的领域发起攻势，一举打开市场突破口，扫清自己的道路，赢得永不停息的增长。

▚ 打草惊蛇，投石问路一招制敌

在山村里，人们走路，特别是当走在杂草丛生的山路上时，总是拿着竹棍子，一边打击草丛，一边行走。为什么打草呢？因为草丛是毒蛇出没的地方，潜伏在草丛中的毒蛇，会时不时地突然蹿出来袭击路人。人们用竹棍打草，是为了惊蛇，蛇受惊逃走了，人在路上行走也就安全了。而且受惊跑出来的蛇，目标明确，会被人一棍子打死。

打草惊蛇，作为军事谋略，是指敌方兵力没有暴露，行踪诡秘，意向不明时，切记不可轻敌冒进，应当查清敌方主力位置、运动状况，再决定下一步的行动。

在现代市场竞争中，小公司应对竞争对手事先进行细致的调查、研究和分析，通过一番"打草"，摸清对手这条"蛇"的底细，掌握市场的行情，以制订周密的行动计划，确保自己的进攻有的放矢，一招制服对手，最终在竞争中胜出。

麦西公司原是美国一家用微波线路连接芝加哥与圣路易两市的区域性电话公司。20世纪60年代末期，该公司遭到严重的财务困难，于是便转给素有"整顿公司专家"美誉的企业家麦高文。麦高文在接手麦西公司之后，对当时美国的电话通信行业进行了认真的研究。他首先调查了美国所有的通信公司的经营策略和经营范围，发现贝尔电话公司由于长期的垄断经营，已经造成其经营上的无效率。虽然贝尔公司在科技上具有领先地位，但同时也为其他公司提供了许多竞争的机会。麦高文看出贝尔公司把长途电话收费订得较高，是为了保持较低的电话基本租金和区域性服务的成本，这无异是在"邀请"那些无心发展地方性通信业务的公司，去参与长途通话业务的竞争。

麦高文在了解到上述情况之后，认为整个电话通信市场仍然有空间，事实上也有需要去容纳另一家电话公司。于是他在联邦通信委员会的公共阅览室里翻阅了几个月的文件后，找出了许多他人未曾留意的规定。虽然地方性的电话系统在法律上允许独占，但联络各地之间的长途电话却没有规定可以独占。几乎每一个人都认为有些规定，但在法律条文、国会的报告或是联邦通信委员会的规章里都没有。

而且，麦高文还发现了一条更为重要的规定，就是联邦通信委员会在接到要求建立电话线路申请后60天内必须处理完毕。事实上，假使联邦通信委员会内无人反对这项申请，联邦通信委员会就会很自然地按照规定颁发执照。联邦通信委员会几乎每年都会接到数千件这样的申请，通常都是具有高度技术性的，因此也就没有时间逐件地进行详细的调查研究。

在了解到这些情况之后，麦高文进行了详细的分析研究，采取了"打草惊蛇"的攻击策略。他同时向联邦通信委员会提交了数百件重要通信线路的申请。在他已建完第二条长途电话线路之前，还没有人注意到这件事。后来，虽然经过无数次法律诉讼和国会听证及联邦通信委员会的裁决，但由于麦高文事先准备充分，早已谋划好了应付的策略，最后都没有将他击败。1978年到1983年，麦西公司的营业额和利润每年都增长1倍以上，于1985年成为一家年营业额19亿美元的大公司。

打草惊蛇，是为打蛇做准备。如果打蛇的工具没有准备好或地形不利，即使已经发现了蛇，也不能打草，否则就会被蛇咬伤。在实际商战中，打草惊蛇更多的是体现在对竞争对手的了解和对局面的掌控上面，要摸清动静，探测虚实，掌握情况，作为行动或不行动的依据，有利则进，不利则止，切不可盲目行事。

釜底抽薪，切断竞争对手的生路

《吕氏春秋》中说：“夫以汤止沸，沸愈不止，去其火，则止矣。”与其扬汤止沸，不如釜底抽薪。意即解决问题要从根本处下手，从源头去解决。唯有彻底断根，才能真正解决问题，否则效果有限。

煮过豆浆的人都知道，当一锅豆浆滚开了，溢出来了，你拿汤勺用力搅和都没用，如果你不死心穷搅和，就会目睹豆浆的精华全部化为泡沫溢出，最后只剩半锅清汤，白忙一场。当豆浆滚开了，最好的方法是釜底抽薪——关火。家庭主妇都知道这个道理。

商战中的竞争也是如此。与对立势力较量，道理和制止水沸相同。正面攻击，等于热豆浆止沸，可能劳而无功；釜底抽薪，消除竞争对手的生存根源，便能让对手无还手之力，自动服输。

1961年，美国加利福尼亚州的旧金山东部一片荒无人烟的原野上，突然耸立起一架高入云端的铁塔，这是美国著名企业家哈默的西方石油公司的钻井队在进行勘探。

日夜轰鸣的机器声，震醒了沉寂已久的荒原。当钻机钻到8600英尺的深度时，传出了振奋人心的好消息：出气了！而且是加利福尼亚州第二大天然气田。

抑制不住内心的喜悦的哈默，急急忙忙赶到“太平洋煤气与电力公司”，他心里盘算着，准备与这家公司签订为期20年的天然气出售合同。

没想到却碰了一鼻子灰，太平洋煤气与电力公司三言两语就把哈默打发走了。

他们说：对不起，我们公司不需要你们公司的天然气，因为我们最近已经耗费巨资从加拿大的艾伯塔到旧金山海湾区准备修建一条天然气管道，大量的天然气从加拿大通过管道可以运输来。

这给兴致勃勃的哈默泼了一盆冷水，他竟一时不知所措。但哈默是多年在商业战场上滚打出来的老手，很快就冷静下来。在很短的时间里，他想出了一条"釜底抽薪"的妙计来制服太平洋煤气与电力公司。哈默悄悄赶到洛杉矶市，因为该市是太平洋煤气和电力公司的大买主，是天然气的直接承受单位。哈默找到市议会，绘声绘色地向议员们说："我的公司计划从拉思罗普修建一条天然气管道直达洛杉矶市，并将以比太平洋煤气与电力公司和其他任何投标公司更为便宜的价格供应天然气，以满足洛杉矶市的需要。而且，我还将加快修建管道的工程速度，将比太平洋煤气与电力公司和其他投标公司提供天然气的时间更为缩短，洛杉矶市民可在近期内用到他的价格便宜的天然气。"

洛杉矶市议会的议员们一听便动了心，准备接受哈默西方石油公司的计划，而放弃太平洋煤气与电力公司的天然气。

哈默这一招果真厉害。

太平洋煤气与电力公司得知这消息后，十分惊慌，马上登门拜访哈默，表示愿意接受哈默的天然气。

这时，哈默摆起了架子，他处于居高临下的地位，提出了一系列有利于他的条件。太平洋煤气与电力公司不敢提出异议，只能乖乖地同哈默签订了合同。

釜底抽薪的关键是在于抓住主要矛盾，抓住对方的弱点。在现代商战中，那些致对方于死地，或是采取各种手段断对方的生路，如资金、人才、业务、货源、原料等，都属于釜底抽薪的范畴。抓住主要矛盾，抓住决定胜负的根本因素，是用好釜底抽薪战术的关键。

釜底抽薪，功夫全在一个"抽"字上。为了实现自己的图谋，必须抽得隐蔽，抽得巧妙，抽得对手有苦难言，无可奈何。

在现代商战中，小公司经常会遇到比自己强大的竞争对手，也经常会有一连串的麻烦出现。这个时候，釜底抽薪的战术就有了用武之地，通过攻击对手的软肋，以削弱对手势力，使其不攻自破。

▼ "顺手牵羊"，看着火候"占便宜"

"顺手牵羊"喻指意外获得某种便宜，或毫不费力地获得某种平常要花大气力才能获得的东西。

顺手牵羊的意义，是叫人们不要把全部注意力都集中在一件事情上，而要把视野放得宽一些，这样就能充分了解并利用客观反映出来的获利可能性。

此计在商战中可以引申为：市场出现再微小的疏忽，也必须利用；微小的利益也要力争，变对方的疏忽为我方的小胜利。顺手牵羊是一个伺机而动、避实击虚的战术，运用到市场竞争中，就是要善于捕捉战机。

我某公司代表团出国订购商品，他们找到日本最大的厂商询价，日方开价每台350美元，这一报价基本接近我方所掌握的国际市场价格。

我方提出能否再优惠一点，日方思忖片刻，提出可以降为345美元，并声明这是最低价了，否则将很难达成协议。

为了获取更多的利益，我方坚持再降为340美元，谈判陷入了僵局，双方争执不下。

经过一段时间的反复磋商，日方权衡利弊做出了让步，同意以340美元成交，我方初战告捷，但谈判并未就此结束。

我方转而又提出能否通过增加购进数量而在价格上进一步优惠。又一个难题摆在对方面前，日方反复比较计算成本、费用、利益，最终同意在购货数量从1000台增加到1500台的基础上，以每台338元的优惠价成交。

在接下来的谈判中，我方经过察言观色，发现对方倾向于用日元成交，于是，我方立即表明自己的态度，希望最好用美元成交，如果对方坚持用日元成交的话，那只能按当时的汇率的335美元折算成日元，因为当时美元有下跌趋势，日方对此表示理解和同意。接着，我方又提出希望能把原来的条款做一些改动，即由我方负责租船订舱和办理投保业务，运输、保险费另行计算，对此，日方没有表示异议。

最后，我方表示请日方考虑把原来的即期信用证改为见票后120天付款的远期信用证，日方开始露出为难情绪，表示对这个问题没有再讨价还价的余地。对此，我方开诚布公地向对方分析了我方面临的一系列困难。为使本项交易最终能顺利成交，日方又再次做出了一些让步，同意改为见票后60天付款的远期信用证。

成交后，我方核算下来，该商品实际进口成本尚不足330美元。

在本案例中，我方先让对方自己减价，等到对方打出最低价的旗号后，我方再还价，在价格上还得差不多时，再从运输、保险、结算货币、支付方式上下手，终于把350美元的报价降到了330美元以下。"唯利是图"固不足取，"微利是图"却宽广，积少成多，集腋成裘，也正是"顺手牵羊"之计的灵活运用。

作为一种计谋，"顺手牵羊"不是等"羊"自动找上门来，而是要着意寻找竞争对手的空子，或诱使竞争对手出现漏洞并进一步利用漏洞，从而使自己"牵羊"时很顺手。

在现代市场竞争中，小公司还可运用"顺手牵羊"战术进行产品的宣传推广。为了突出本公司产品的优点，小公司在宣传本公司产品优点的同时，可与竞争产品进行比较，这样顺手牵羊，间接贬低对方、提高自己，以达到自己的经营目的。

在商战中，运用"顺手牵羊"战术，要求管理者有超前意识和预见能力，有见微知著的洞察力和闻风而动的应变力，这是小公司的管理者在平时需要修炼和积累的。机遇总是留给有准备的头脑，只有胸中有“羊”，才能适时发现“顺手”之机，并能迅速腾出手来“牵”之。

以毒攻毒，“以其人之道，还治其人之身”

以毒攻毒，就是用不良事物本身的特点、弊病反对不良事物，或利用一种坏东西抵制另一种坏东西。也是用对方的利害方法来压制对方。

在商战中，小公司要战胜强大对手，就要抓住对手的要害，以毒攻毒，攻其弱点，用对手的方法对抗对手。

20世纪50年代初期，中国台湾的经济已经处于恢复时期，亟须发展纺织、水泥、塑胶等工业。起初，台湾当局把发展塑胶的希望寄予化学工业基础雄厚的“永丰”身上。其老板何义到国外考察后，看到国际市场塑胶业技术先进，竞争激烈，自己难有立足之地，便打起了退堂鼓。无名小卒的王永庆，名不见经传，竟像吃了豹子胆似的，决定投资塑胶业，因而招来了一连串社会非议：“何义都不做的事业，一定难做”“不懂行情”“不识时务”。王永庆面对非议并没有退缩。

1954年，王永庆筹借50万美元，创办了台湾第一家塑胶公司，并于

1957年建成投产。当台塑的原料生产出来时，日本等国的同类产品滚滚而来，导致台塑产品严重滞销，王永庆当时陷入了绝境。

面对着初战失利，王永庆并没有泄气。他认为台湾在当时是国际烧碱生产基地之一，而烧碱生产过程有70%的氯气被弃置不用，实在太可惜，氯气是塑胶生产的主要原料，他所具有的优势是充足而廉价的原料。

世界上失败的人很多，但不一定都爬得起来，只要检讨反思，总结教训，找出失败的原因，奋起直追，才能置之死地而后生。王永庆认准的就是这个理，检讨才是成功之母。

王永庆采取了两条令人出乎意料的措施。

其一，针对过于求的矛盾，他以常人所没有的胆识，采取了近于"以毒攻毒"的策略：大幅增加产量来压低成本和售价，从而获得压倒一切的竞争能力。对此，台塑的股东一致反对。于是，他毅然买下"台塑"所有股权，独自经营，我行我素。

其二，造成当时濒临绝境的另一个重要原因是：与他连锁的加工厂对自己的产品不愿降价销售，致使无法大幅增加销售量，因而对塑胶原料的需求量不旺。王永庆对他们动之以情，晓之以理，而这般劝说无效后，他以义无反顾的决心，敢于拼命的勇气，毅然成立了自己的加工厂——南亚塑胶厂，从而建立起塑胶原料与加工相连贯的"一体发展体系"。

国外大公司物美价廉的威胁并不可怕，关键看你采取什么样的竞争对策。台塑这条"小鱼"，不仅没有被"大鱼"一口吞掉，反而更加成长壮大，到目前已成为台湾唯——家进入"世界化工公司50强"的公司。

以毒攻毒是一种行之有效的商战技巧，但是这种方法容易伤对手自尊，如果对方不是"无赖"，则显得有点过。在运用这种方法时，最好不要一开始就使用，如果能以和平的方式解决则为上策。

另外，以毒攻毒要恰到好处，如果稍有把握失度就可能侵害对方的人权，如名誉权、荣誉权、名称权等。以违法的方法对待违法是绝对不可取的，也是法制社会所不容的。这是小公司的管理者在实施这一战术时需要注意的地方。

▌ 巧打柔道，借力打力"扳倒"竞争对手

柔道亦称柔术，是日本人吸收中国的摔跤技术，结合日本武技而创造的一种搏击技术。柔道攻中有防，防中有攻，攻防结合，其秘诀在于怎样把对手的体重和力量变成自己的优势，借力打力，使体力处于劣势的人能够战胜在体力方面占优势的对手。

柔道战术借用到商战中，是指避免与对手针锋相对，通过破坏对手阵营的平衡，挖对手的"墙角"，借用对手的力量来增强自己的实力，最终击败对手。

美国花旗银行在德国开办家庭银行，不到几年时间，就在德国消费者金融业务中取得了统治地位。他们运用的策略，就是柔道战术。

德国的银行家们虽然也知道普通的消费者有一定的购买力，能成为银行的客户，但他们认为，大银行向来是为工商界和富有的投资者服务的，为普通消费者服务不免有损大银行的尊严。花旗银行正是抓住德国金融市场的薄弱环节，创办家庭银行，专为个人消费者服务，经营消费者所需的业务，一切手续都使消费者感到便利。虽然德国银行有极强大的势力，有遍布在每个城市商业区的众多分支机构，但花旗银行所办的家庭银行只花了5年左右的时间，就占有了全德国消费的银行业务。

电信行业是东软业务的主要对象，但东软最初进军电信领域时，电信行业还比较封闭和保守的，一些项目不给专门的软件公司，因为电信公司有自己的软件研究所。虽然东软软件在技术、成本上都有优势，但在行业背景方面的距离却使东软无法轻易进入电信的门槛。

这时东软发现当时刚进入电信业的中国联通作为一个新兴的电信运营商还没有自己的软件研究机构，对所有软件公司都开放，于是东软决定抓住和联通合作的机遇实现零的突破。当时联通的业务刚刚启动，资金规模小，获利前景并不看好。其他一些公司并未投入很大精力，但东软却全力以赴，并以很强的综合优势在众多竞争者中脱颖而出。

后来，联通成为东软最大的电信客户。东软通过成功实施柔道战术，撬开了电信行业的大门，其进军电信领域的壁垒从此亦不复存在。

老子曾说："柔能制刚，弱能制强。"日本人的柔道中突出以退为进、攻中带守、守中有攻的阴柔、善变特色，因此以小胜大才有可能。在现代市场竞争中，小公司运用好柔道战术，可以以小博大、以弱胜强，战胜强大对手。

柔道战术避开了与强大对手的硬碰硬的较量，利用对手很难迅速转变战略的弱点，靠速度、灵活性和创造性取胜。小公司在竞争中要贯彻柔道战术，必须把握两个要点：一个是有备而来，二是要随机应变。因为商场形势都是千变万化的，你可以做好非常周密的准备，但是变化仍然在你的意料之外，所以说只有那些准备充分又能随机应变的公司才有获胜的机会。准备和应变，双管齐下，二者不可缺。

以逸劳胜，牵着对方的鼻子走

以逸待劳，原指作战时不首先出击，养精蓄锐，以对付和伺机击败从远道而来的疲劳的敌人。

以逸待劳，用在市场竞争中，是指在双方的智力与体力的角逐中，采取一种可以挫伤对方的锐气，自己又可以养精蓄锐的非进攻性方法，在此消彼长的过程中改变双方的实力分布，最终实现自己的目标。

以逸待劳中的"逸"，并不是消极地被动休息，而是积极主动的一种谋略行为，是以静制动，以不变应万变，积极调动对手，创造战机。在整个战术实施过程中，己方要始终处于控制事态发展的地位，牵着对方的鼻子走。

1945年，在阿肯色州纽波特有一间杂货铺开张了。30年后，它变成全球最大的零售商——沃尔玛，在美国50个州拥有3000多家商店，还在阿根廷、巴西、加拿大、中国、韩国、墨西哥和英国从事经营。沃尔玛把它的大部分成功归于一个简单的战术：辨出下一个战场，在那里安营扎寨，等候竞争降临。

20世纪70年代初，当沃尔玛实施全国扩张计划时，大型零售商如西尔斯、彭尼和凯玛特，把其商店设在大城市和中心镇里。沃尔玛反其道而行之：它瞄准小镇，一方面是避免直接竞争，另一方面是相信战场会转移。

沃尔玛的创始人山姆·沃尔顿解释说："我们的战略很简单，把好的折扣店搬到别人忽视的偏僻小镇去。那时候，凯玛特不在人口少于5万的小镇，吉布森不在1万~1.2万人的更小的镇里开店。我们的准则是在人口哪怕少于5000的镇里布点，这种小镇多如牛毛，由我们任意扩展。人们简化了沃尔玛的故事，这样总结它成功的秘诀：他们进入的小镇是别人不愿去的。"

想要躲避直接竞争的公司，主要是降低会战成本，免除夹到一大块无价值馅饼的风险。然而，沃尔玛做的，远不只是避免直接竞争，它将注押在战场将移向小镇和郊区上。

由于消费者移居郊外，越来越喜欢郊区商店，而不是市中心的零售店。随着消费者步入更小的市场，领先的零售商在关键场所面临销量剧跌的局面。等他们也赶到郊区时，遭遇的是始料未及的强大对手。

沃尔玛以优秀的品牌和有效的推销系统，耐心地守株待兔。西尔斯服务大城市市中心的优势，无法撼动沃尔玛的后院。西尔斯从市场的领导者的地位，跌落为沃尔玛的追随者，至今翻不过身。

在这场没有硝烟的商战中，沃尔玛成功地使用以逸待劳战术，击败了所有的竞争对手。

以逸待劳的战术主要表现为8个字："避其锐气，蓄盈待竭。"蓄盈，即保持和壮大自身的力量　待竭，即消耗和削弱对手的力量。

小公司的管理者，一定要明白避开竞争对手的旺盛士气，等待对手疲惫时再出击的道理。一方面，控制自己以便让自己始终保持头脑清醒与冷静，而让对手处于焦灼不安的状态，从心理上制服对手；另一方面，蓄势待发、养精蓄锐，用尽所有力量去迎击疲惫不堪的对手，在实力上战胜对手。

运用以逸待劳战术，小公司可以避免在自己力量不足、时机不利时与对手决战硬拼，以便争取时间，创造战机。等到对手精力消耗过大，走下坡路时，再乘机出击，一举战胜对手，从而产生以弱胜强、以少胜多的效果。

远交近攻，分化瓦解各个击破

“远交近攻”一计出自《战国策》。秦国为统一全国征战六国时，丞相吕不韦向秦始皇建议：与距秦国远的国家结交，攻打邻近国家。这一计谋成为秦国兼并六国的总战略，促使秦国成功统一中国。

这一计谋，“攻”“交”并施，既使秦国不断迈向其称霸的目标，又不至于开罪天下，可谓妙不可言。

在市场竞争日趋激烈、竞争对手林立而市场份额有限时，开展远交近攻，制造和利用矛盾，分化瓦解对手联盟，实行各个击破，对于己方抢占市场是极为有用的一种战术。

美国阿姆卡电气公司就是用这一方法战胜比自己强大得多的对手的。

在研制节能变压器铁芯的新型低铁矽钢片的竞赛中，阿姆卡电气公司面临着通用公司和西屋公司的挑战。通用公司和西屋公司的规模都比阿姆卡电气公司大，以这两家公司的实力，在这场竞争中，阿姆卡电气公司处于不利地位，但如果其输掉了这场竞争，以后的形势将对其更加不利。

对此，阿姆卡电气公司并未气馁，通过收集情报，很快就发现日本也有一家钢铁公司在研制同类产品。较之通用公司和西屋公司来说，遥远的日本钢铁公司可能成为盟友，若能与之合作，则可加快研制过程，同时由于隔着浩瀚的太平洋，这家日本钢铁厂和自己抢占美国市场的可能性就比通用公司和西屋公司小得多。

阿姆卡电气公司展示自己的实力后，说服了日本钢铁公司与自己共同研制节能变压器铁芯的新型低铁矽钢片。俗话说："两个臭皮匠顶个诸葛亮"，结果比预定计划提前了半年完成开发任务，赶在那两家大公司之前抢占了市场，成了这场竞赛的赢家。

远交近攻在市场竞争中不失为一条重要的战术。当然，商战中的"远""近"不是简单的空间距离上的概念，我们应该把它理解成在整个商战中各方力量所处的位置和自身公司的相对关系。只有分清敌友才能在商战中永立不败之地。

以电视剧《大染坊》里的陈寿亭为例。从陈寿亭公司的发展轨迹来看，基本上是采取了远交近攻的竞争策略。青岛元亨染厂、济南三元染厂、六合染厂、模范染厂、天津开埠染厂都曾是陈寿亭的竞争对手，但最后陈寿亭和这些染厂都成了合作伙伴。

在青岛事业发展初期，陈寿亭在竞争过程中利用和济南三元染厂的关系，为超过元亨打下了基础。在退出青岛市场时，陈寿亭把所有配方、布样交给元亨，使元亨完全折服，并为日后帮陈寿亭打败滕井、訾家发挥了重要的作用。在济南建厂后，陈寿亭的主要竞争对手就成了滕井所控制的济南和青岛的染厂。虽然在和上海林氏的六合染厂合作过程中困难重重，但是大家最终走到了一起，共同打败了模范染厂。

可以说，陈寿亭是团结了一切可以团结的力量，击败了一切必须击败的对手，达到了远交近攻战术的最高境界。这对小公司开展市场竞争有着非常现实的借鉴意义。

第七章

合作博弈术，
携手共进把蛋糕做大

竞争是商战的常态，但竞争不是一个劲儿地与对手血战到底，拼个鱼死网破、你死我活。将对手逼到绝路，对自己也没有多大好处。

同行未必是冤家，竞争不排斥合作。在竞争中谋求与竞争者的合作，可以一荣俱荣，共存共赢。正如一个古老的比喻，几个人分蛋糕吃，是为了多争一点儿而打得不可开交，还是大家相互配合，把蛋糕做得尽量大一些呢？

◤ 同行一定是“冤家”吗

当今世界就像一个地球村，国家与国家间的联系日益紧密，世界各国在谋求发展之时，都必须充分考虑到自己所处的世界，以此为依据制定各项发展政策，并想方设法运用各种外交方式，处理好国与国之间的关系，创造一个良好的发展环境。

同理，公司要想更好地发展，有必要将自身与其他公司之间的关系处理好。

人们常说“同行是冤家”，这句话现在也成为公司老板的一种思维定式，在处理与其他公司的关系时，常常弄得剑拔弩张，人人紧张，个个自危。其实大可不必如此，同行未必一定是冤家，换一个角度，换一种竞争方式，事情可能变得容易得多。

小天鹅洗衣机是很多消费者爱用的产品，碧浪洗衣粉则是另一个广为人知的著名品牌，生产它们的小天鹅公司和宝洁公司，分别是两家有名的家电公司和日化公司。为什么把这两个品牌放在一起叙述呢？

大家可以想一想，如果一个主妇要洗一大堆衣服，她只有洗衣机却没有洗涤剂行不行？当然不行。或者只有洗涤剂，没有洗衣机行不行？多半不行（至少城市中的大多数人认为不行）。那么，在现代社会中，当洗衣机和洗衣粉已形成鱼儿离不开水、花儿离不开秧的关系时，电器公司和日化公司之间应该以一种怎样的方式相处呢？小天鹅公司和宝洁公司的回答是：像犀牛与牙签鸟那样和平共处、互利互惠。

它们是这样做的：小天鹅公司在商场销售该公司生产的洗衣机时，同时宣传、介绍碧浪洗衣粉。客户在购买小天鹅洗衣机时，会在包装箱内发现一个小塑料袋。塑料袋里装了三件东西：一袋碧浪洗衣粉，一本小册子和一张不干胶广告。

那一袋碧浪洗衣粉是宝洁公司提供的赠品，这既可以看作小天鹅洗衣机的一种促销手段，同时宣传了碧浪洗衣粉。而那本小册子的封面上则印着小天鹅洗衣机和碧浪洗衣粉在蓝天白云中飞翔的图像，配有"小天鹅全心全意推荐碧浪"的文字，内容主要介绍碧浪洗衣粉和小天鹅洗衣机的使用方法。

碧浪洗衣粉也在本产品的包装袋上，印上小天鹅洗衣机的宣传图片。像小天鹅在介绍时强调"选择合适的洗衣粉才能洗净衣物和保护洗衣机"一样，碧浪洗衣粉则强调，选择合适的洗衣机才能充分发挥洗衣粉的洗涤效果，并且保护衣物。结果是："小天鹅、碧浪全心全意带来真正干净。"

小天鹅与宝洁两家公司互助互利、互得其惠的结果说明，公司与公司之间不必争个没完没了、你死我活，是有可能且有必要和平共处、共生共利的。

当然，现实生活也提醒人们，公司之间的关系不可能都这般田园牧歌，在严酷的竞争中，公司之间的竞争与不和谐是会时常发生的。小公司的管理者要意识到这种生存状况的存在，而且要未雨绸缪，做好准备，制定相应的对策。

昔日是“冤家”，今日是“亲家”

在市场竞争中，竞争对手的确可以给公司带来威胁，但合适的竞争对手能够加强而不是削弱公司的竞争地位。

合适的竞争对手带来的好处可以归为四个方面：增加竞争优势；改善当前行业结构；协助市场开发；遏止其他公司的进入。激烈的竞争会把竞争对手赶向绝境而导致严重后果。反之，接受协同竞争的思维方式，公司与竞争对手寻求共同利益，就可能达到双方的互惠互利、共赢共生。

当年，思科与微软推出彼此竞争的安全方案时，两家公司的航线似乎要发生碰撞。但是，随后两家公司的CEO坐在了一起，他们谈的是进一步加强合作的事。微软CEO史蒂夫·鲍尔默和思科CEO约翰·钱伯斯表示，双方在一些市场将继续保持针锋相对的竞争，但他们也会携手合作，以确保其产品互通。

2007年，双方正式宣布将在7大领域加强协作，这7大领域当中包括安全、移动计算、信息技术架构和统一通信。

在这几个领域，双方将安排工程师，确保其产品的互通性。微软和思科的销售、宣传部门将更好地让客户了解双方合作的情况。两家公司的工作人员也将加强沟通，给客户带来更清晰的合作想象空间。

鲍尔默说："作为竞争对手，我对思科存有许多的敬意，但我对自己公司的敬意更多。如果他们想竞争，我要说的是，放马过来吧。我保证约翰也会说同样的话。那非常好，我们已经学会用一种尊敬的方式说话。"

钱伯斯同意两家公司将大力竞争的说法。他承认这很困难，但思科和微软别无选择，只能携手合作。

由以上案例可以看出，在现下的经济环境，两家公司的关系既是竞争者又是合作者。

在竞争者市场上，公司经营活动的主要目的是争取与那些拥有与自己具有互补性资源竞争者的协作，实现知识的转移、资源的共享和更有效的利用。公司与竞争者结成各种形式的战略联盟，通过与竞争者进行研发、原料采购、生产、销售渠道等方面的合作，可以相互分担、降低费用和风险，增强经营能力。种种迹象表明，现代竞争已发展为协作竞争，在竞争中实现双赢的结果才是最理想的竞争选择。

▼ 与竞争对手共舞，共存共赢

同行公司之间相互竞争是不可避免的，但应当既有竞争意识又有共存意识，共同维护市场，不要将市场破坏了，不然大家都没饭吃，全部都消失了。

同行之间有竞争关系，也有双赢的关系，是你好我好大家好的关系。竞争，不是要彻底消灭竞争对手，将竞争对手斩尽杀绝，而是要与竞争对手在市场中共舞，既有竞争又有合作，共存共活，共生共荣。

生物界有个众所周知的生存定律，那就是达尔文的生物进化论。生物进化论揭示了生物适者生存的规律，要适应外界环境而生存，就得改变自身的适应能力。而要改变自身的适应能力就需要竞争，要和周围环境和周围生物进行竞争。同样地，人类的竞争就是为了自己的利益与他人竞争。

竞争可以使人类社会进步和发展，这是一个人人都认可的真理。在商业上的竞争也可以带来双赢，这是良性的竞争；而不择手段的竞争却是市场竞争中的忌讳，这实际是种自杀式的竞争。因为不按商业规律，不按职业道德的所有的竞争在短时期内或许会得到些蝇头小利，但这种竞争行为毕竟是违背经济规律和生存定律的，因而最终必然会自取灭亡。

竞争是地球上有了生物时就有的自然和社会现象，竞争存在于一切领域。在当今社会，商业领域里的竞争尤其令人瞩目。

诺贝尔经济学奖获得者莱因哈特·赛尔顿教授，讲过一个著名的故事。有一场比赛，参与者可以选择与对手是合作还是竞争。如果采取合作策略，可以像鸽子一样瓜分战利品，那么对手之间浪费时间和精力的争斗不存在了；如果采取竞争策略，像老鹰一样互相争斗，那么胜利者往往只有一个，而且即使是获得胜利，也要被啄掉不少羽毛。由此他指出，现代市场中的公司关系，追求的应是互惠互利的有序竞争，而不是你死我活的无序竞争。

所以，对于公司来说，单纯地追求一己私利的竞争只能导致竞争的恶性循环，使外部环境恶化，最终也使自己深受其害。因此，公司之间不能单纯互相竞争，也要有互相激励、互相合作，这才能真正做到双赢。

竞争可以双赢，汽车领域里宝马与奔驰并驾齐驱；饮料市场中可口可乐与百事可乐同时并存；草原上蒙牛与伊利共荣共生。诸如此类，不胜枚举。

任何公司都要有竞争伙伴，通过与对手的合作，可以看到本公司的缺陷，弥补本公司的技术、财力等方面的不足，给本公司带来发展的动力，加速本公司的成长，推动本公司这艘航船在商海中快速地航行！

有容乃大，竞争对手是成功的最好动力。小公司不但要有敢于同对手竞争的气魄，也要有与对手合作的胸襟，把对手视为最刺激的伙伴，一路同行，这才是公司顺利运营的成功定律。

▶ 竞争不必你死我活，可以你活我活

现代市场观念，强调竞争各方要积极争取多层次、跨领域的战略合作，共享资源，集成要素优势，实现双赢或共赢的局面。公司间的竞争不应该是过去的那种你死我活，而是你活我活，在竞争中合作，在合作中竞争，大家共同谋求发展。

在一个小区旁边的一条巷子里，曾经有一家生意很火的公司，最兴旺时占了半条街的门市房。后来生意逐渐衰落，公司为了节约开支只好出租部分房子。

有俩兄弟最先来这里租房，办起了一家茶餐厅，生意非常火爆。于是，许多茶餐厅全都聚到这条巷子里来了。这条街越来越热闹，很快就成了远近闻名的"美食一条街"。

看到来租房的人生意这么好，出租房屋的公司再也按捺不住了。于是，公司收回了所有出租的门市房，撵走了所有曾经在这里经营的商户，把他们的店铺改头换面自己经营起饮食生意来。但出人意料的是，仅过了一个月这条巷子又冷清了起来，很多这条街上的常客慢慢地不再来光顾了。公司的效益越来越差，收入还没有租房时的收入高。

公司的老板百思不得其解，只好去请教一位公司管理方面的专家。专家了解了情况后，微笑着问他："如果你要去吃饭，你会选择到一条只有一家餐馆的街上去，还是到一条有几十家餐馆的街上去？"

156

老板回答说："当然哪里餐馆多我就去哪里了，给自己多留点选择机会嘛！"

专家听了，又微微一笑："你的公司垄断了那条小巷上的茶餐厅生意，这跟一条街上只有一家茶餐厅有什么不同呢？"

老板恍然大悟。回去后，他减少了公司的店铺数量，又将部分门市房出租。不久，这条巷子又恢复了往日的热闹景象。

没有竞争对手，就等于消费者只能选择一家公司的产品，那么消费者很快就会厌烦这种单调的形式，转而寻找其他的替代品，如果把对手全部消灭，看似垄断了全部市场，实则丢失了所有的客户。

公司之间既要有竞争，也要有合作。通过合作，公司得到了发展，因此也就获得了更多、更深层次的合作机会。因此，小公司的管理者要树立合作意识，通过与对手开展更多、更深层次的合作，从而让自己的公司更快速地发展并壮大。

▌ 竞争双赢的通途是正和博弈

正和博弈，是一种双方都得到好处（双赢）的博弈。

正和博弈又称合作博弈，是指博弈双方的利益都有所增加，或者至少是一方的利益增加，而另一方的利益不受损害，因而整个社会的利益有所增加。

合作博弈研究双方达成合作时如何分配合作得到的收益，即收益分配问题。

合作博弈采取的是一种合作的方式，或者说是一种妥协。妥协之所以能够增进妥协双方的利益及整个社会的利益，就是因为合作博弈能够产生一种合作剩余。这种剩余就是从这种关系和方式中产生出来的，且以此为限。至于合作剩余在博弈各方之间如何分配，取决于博弈各方的力量对比和技巧运用。因此，妥协必须经过博弈各方的讨价还价，达成共识，进行合作。在这里，合作剩余的分配既是妥协的结果，又是达成妥协的条件。

合作剩余是当代道德哲学家所常使用的一个概念。它是指合作者通过合作所得到的纯收益即扣除合作成本后的收益（包括减少损失额）与如果不合作或竞争所能得到的纯收益即扣除竞争成本后的收益（也包括减少损失额）之间的差额。

它一般是通过市场交换中人们之间的诚信合作和商业信用来实现的。在现代市场经济中的一切合作（包括交换、交易和合做生意——后者又包括雇佣关系）所得都可以被视作为某种合作剩余。例如，银行贷款给公司，银行赚利息，公司赚利润，这种利息和利润，实际上就是银行与公司间合作所得的一种剩余。

在当今市场条件下，公司能否取得成功，取决于其拥有资源的多少，或者说整合资源的能力。任何一家公司都不可能具备所有资源，但是可以通过联盟、合作、参与等方式使他人的资源变为自己的资源，增加自身的竞争实力。正和博弈在市场竞争中大有用武之地。

（1）合作共赢是公司成长的秘诀

在同行之间，竞争能够激励人心，合作也有利于互惠互利，因此，面对同行里的竞争对手，不必互相排挤，达成共赢才能创造良好的发展环境。

（2）优势互补，强强联合

公司的力量毕竟有限，如果能做到与竞争对手合作，不但能够弥补自身的不足，学习对方的长处，借对手之力实现共赢。

（3）互通有无，增强双方的市场竞争力

和竞争对手建立关系，彼此会增强沟通，便于寻找到有利于双方共同的利益。

对于小公司来说，不仅要勇于竞争，更要善于合作。在竞争中合作，在合作中竞争，要多向竞争对手学习，多给双方相互了解和成长的机会，将双赢视为合作的最终目标。

▶ "吴越同舟"，与竞争对手携手共渡难关

春秋时，吴国和越国经常交战。一天，吴越交界的河面上有一艘渡船，船上有吴人也有越人，双方谁也不搭理谁。船刚到江心，突然天色骤变，暴雨倾盆而下，巨浪一个接着一个向渡船扑来。舵手连忙让两个年轻船工去桅杆处解绳索，想把篷帆解下来，以免翻船，但由于船身剧烈颠簸，他们一时解不开。就在这时，不管是吴人还是越人，都一起去解绳索，他们就像左右手那样配合得很好。最终，渡船稳定下来，大家都渡过了这个难关。

这个故事出自《孙子兵法·九地篇》："夫吴人与越人相恶也，当其同舟共济而遇风，其相救也如左右手。"吴人与越人势不两立，但一遇风险，可以不计前嫌，互相救助，共同谋求生存。后来，人们就用"吴越同舟"来形容原本对立的双方在共同的危难中同心协力，共渡难关。

同样地，在商场上谋求利益的公司和商家，也需要有"吴越同舟"的精神，通过互利互助，以求得各自发展、互益共生的目的。

美国有一家叫纽约梅瑞公司的大百货商店。与众不同的是，该商店设置了一个小小的咨询服务亭，为客户提供一种特殊的服务。如果你在该公司没有买到需要的商品，就可以去这个服务亭询问，它会告诉你另一家有这种商品的商店。也就是说，把你介绍到自己的竞争者那里去。这种令人惊异的做法取得了这样的效果：该公司满足了客户的需要，获得了广大客

户的好感而招徕了更多的客户。

更重要的是，这一做法向竞争者表示了友谊，改善了竞争环境，又争取到了许多竞争者的支持。结果，该公司的生意日渐兴隆。由此可见，商场上的合作是多么重要

广州省最大的啤酒厂广州啤酒厂的10万吨啤酒工程竣工之时，很多单位刊登广告表示祝贺，其中竟有"珠啤"等28家啤酒厂。为何这些啤酒厂自己掏钱向竞争者表示祝贺呢？因为这些厂的领导个个都深明互益共生、借助发展的道理，借此事，与广啤化敌为友，结下友谊，同时，又通过刊登祝贺广告，实际上为自己做了一次宣传，真是一箭双雕，领导们何乐而不为！

吴越同舟，既是一种合作方式，也是一种公共关系的手段。它以大局为重，不计得失，通过与自己对立的竞争者交朋友，赢得公众的好感，从而树立起树立良好的公司市场形象。

在市场经济繁荣的今天，商场上竞争的激烈程度不亚于战争，孤军奋战难成气候。尤其是对于势单力薄的小公司来说，更有必要采取吴越同舟战术，实行合纵连横，与对手开展合作和联合，协同一致参与市场竞争，这样才能够扬长避短，增强自身的力量，凭借群体优势，产生"借人之力，成己之事"的良好的效果。当然，市场领域不同，经营内容不同，借助的方法、手段、技巧也就各有千秋了。

▼ 与竞争对手结盟，建立"统一战线"

在政治舞台或战场中，彼此交恶、互相对立的双方，有时出于共同利益的需要，也会冰释前嫌，结成联盟，以共同抵御第三方的进攻。例如，第二次世界大战中，在欧洲战场，苏、美、英三国结成战时同盟，共同对付德国法西斯的进攻，最终灭亡了希特勒的第三帝国，赢得了欧洲战场的胜利。

尽管商场与战场在形式、结果等许多方面有不同，但战略思想和指导原则却有许多相似之处。在战场上适用的联盟思想，对处理好公司与竞争者关系上也有着重要的借鉴作用。

商业领域内的战略联盟是指两家或两家以上的公司，为了一定的目的，通过一定的方式结成的联合体。公司组建战略联盟有以下几种形式：

1. 合资

由两家或两家以上公司共同出资、共担风险和共享利润。例如，美国的PPG公司和日本的ASAHI公司在美国合资开办了两家汽车玻璃厂，以期把日本的营销方式和美国的生产技术结合起来。

2. 研究和开发协议

联盟成员之间合作研究开发某一新产品，它不仅分享现有的技术设备和生产能力，而且包含着新产品开发的技术，同时还可以提高现有生产技术。联盟各方将它们的资金、技术、设备及各种优势加以联盟，开发出新产品。一旦新产品开发出来，它们还共同开拓市场。

3. 合作生产营销

通过协议共同生产和销售某一种产品。这种协议并不带来联盟各方在资产、组织结构和管理方面的变化，仅通过协议来规定合作项目、完成时间等。例如，IBM公司与理光公司合作销售个人计算机，与日本制铁公司合作销售操作系统，与富士银行合作销售金融软件。

4. 价格同盟

如果公司在与其他公司在联盟的过程中取得了低于其他竞争者的生产成本，成本优势就应运而生。1997年7月，全国22家VCD机生产公司在京聚会，联手发布了一个震动市场的联合宣言，声称为了保证产品质量和公司利益，将共同坚守一个合理的价格线，以联合宣言的方式组成公司间的价格同盟，这在国内耐用消费品市场上前所未有。

战略联盟是一种松散的公司组织形式，公司通常是联合某一竞争者对付其他竞争者。联盟公司内部也存在彼此竞争的关系。这些都会给公司之间战略联盟的形成和发展带来一些障碍和困难。

小公司在与其他公司建立战略联盟时，需要做好以下几项工作：

一是确定合适的联盟伙伴

建立联盟的目的是通过不同公司的优势互补和整合达到1＋1>2的目的。合伙人必须具有某些专长才能成为联盟成员，否则可能导致联盟的失败。例如，佳能—贝尔、理光—三微的合作中，都是因为日方公司只想利用美方先进技术，却不愿与美方分享市场而使联盟解散。

二是确立新型的组织设计关系

要减少联盟各方面的矛盾，必须建立一种和谐平等的设计关系，并对各方的责任、义务、权利明确加以界定。为了同美国波音和麦道公司竞争，欧洲空中客车公司根据后勤工作的复杂性，创立了自己独特的区位生产组织，A300和A310宽体客机在法国组装，德国负责生产机身，英国负责生产机翼，而西班牙负责生产尾翼。这种把欧洲各国飞机制造的智慧和优势结合在一起的组织安排，迄今为止仍是最有效的。

三是联盟各方保持必要的弹性

战略联盟各方都必须随时能对市场和合伙方的变化做出反应。市场变化，合作的双方也要变化；对方变化，自身也要跟着变化。战略联盟需要明确的规则和目标，但也需要有足够的回旋余地，包括对改变方向的考虑。

四是进行有效的管理

要使战略联盟成功运作，必须对它进行有效的管理，才能获得最大的收益。小公司应采取措施以确保能从合作伙伴处学到知识，而且应建立使这种知识在本公司内部推广应用的制度。另外，成功地管理一个联盟还涉及来自不同公司的管理人员间建立良好的人际关系。

▼ 他山之石可攻玉，向竞争对手学习

美国施乐公司高级管理人员席尔克说："多参观比较，你就更能接受其他公司比你强的事实。没有一家公司是万能的，但如果你学习了全世界所有公司最好的一面，那么你也会变成最棒的公司。"

一家公司如果以相互学习、相互支持和协作交流的姿态与行为，来协调与竞争对手的关系，往往能提高自己的竞争实力，并使双方共同获益。

美国柯达公司与日本富士公司本是竞争对手，但彼此间事业的激烈竞争却不影响彼此在处理相互关系上的光明正大。当富士胶卷公司的人均销售额达到37万美元，将近柯达的4倍时，柯达公司从上到下面对现实，承认落后，深刻反思，提出要学习富士，赶超富士。

柯达公司分析富士畅销的原因，引进富士的管理经验和学习富士的营销方法。结果，经过全公司的团结奋斗，柯达很快提高了经营业绩，改变了被动的局面。

人们常用"站在巨人的肩膀上才能看得更远"这句话来勉励自己多向成功者学习，以克服自身的缺点，提高自己的学识和能力。对于小公司来说又何尝不是如此呢？不论是何种形式的竞争关系，乃至是敌对关系，对手都如一块双面镜一样，既能映照出竞争对手的优势与劣势，也能映照出其他公司的优势与劣势。因此，理性看待竞争对手，以对手为镜，可以反思本公司的不足，通过反省，找出改进的对策；以对手为师，可以从对手身上汲取有益的灵感与思路，把竞争对手的优点加以转化利用，给公司的发展带来长足的进步。

沃尔玛连锁百货公司的创始人山姆·沃尔顿曾经说过：“其实我做的每一件事都是从别处学来的。”当年耐克学习锐步，如今耐克成为强者；百事可乐向可口可乐学习，如今两家可乐公司并肩垄断了市场……

“他山之石，可以攻玉。”向竞争对手学习，就是借对手之“石”，来攻本公司之“玉”，寻找改进的突破口。小公司要将同行业、同领域内的领先的竞争对手列为标杆，向其学习，树立学习和追赶的目标，通过资料收集、比较分析、跟踪学习、重新设计并付诸实施等一系列规范化的程序，来吸取对手的成功经验，发展自己，提高自身竞争力。

小公司如何在当今激烈的市场竞争中胜出？如何在竞争中提升自我竞争力？显然，学习是一种简便易行的好方法。向竞争对手学习，向强者学习，可以紧跟对手和强者后面不被淘汰，甚至赶超对方，可以低成本而高效率地走向竞争前沿，缩小竞争差距，成为竞争的胜利者。

◤ 做同行表率，对恶性竞争说“不”

竞争也需要管理，因为竞争过度，势必引发恶性竞争。恶性竞争将带给公司、行业和消费者更高的成本，其后果比垄断更为糟糕和可怕，它一定是一个多输的结局。

竞争本是一件好事，它可以带来更合理的价格和更规范的市场格局，实现优胜劣汰。但竞争少不了"正当"两字，竞争者绝不能使用非正当竞争手段蓄意"搅局"，这是最基本的商业道德。

小公司要时刻关注业内恶性竞争的苗头，警惕和防范那些非法的或有悖于公认的商业道德的竞争手段和方式，对混淆市场、商业贿赂、虚假宣传、以非法手段窃取商业秘密、商业毁谤等不正当竞争行为要坚决抵制，以维护消费者和经营者的合法权益，与政府和行业中的优秀公司同心协力，共同创建一个理性、合法、健康、和谐的竞争环境。

此外，小公司要通过完善公司的制度和竞争机制来规范自己的竞争行为，力争做行业中正当竞争的标兵。

（1）堂堂正正地参与竞争，才能树立起自己的形象。

（2）用相互借鉴学习和渗透的方法去超脱竞争，要善于嫁接、运用不同行业不同领域不同行业先进的理念、方法手段，来嫁接为我所用。

（3）在竞争过程中，要放平心态，不应该诋毁对手，从寻找新的市场契机和时机上发力。

（4）不能把营销竞争理解为战争，没有必要通过价格战和恶性竞争来淘汰竞争者，相反地，可以通过做透细分市场和附加服务的方法来进行和谐竞争。

（5）通过调整策略，引导对手良性竞争，实现收益最大化。

恶性竞争的结局都不会很好，往往一方失败，另一方重伤。良性的竞争带来共同进步，理性看待竞争对手，以对手为师，才会给自身发展与行业发展带来长足进步。

通过制止同行和自己的恶行竞争，开展合法、合情、合理的竞争，凭自己的产品、技术、智慧和能力竞争，才是正确的竞争方式。

第八章

突围竞争红海，

开创碧海蓝天的蓝海

在今天的市场中，每家公司都试图攫取更大的市场份额、赚取更多的利润，竞争已趋于白热化阶段，残酷的竞争让市场变成一片血与火的红海。

市场空间越来越拥挤，利润和增长的前途也越来越黯淡，路在何方？要想从红海中突围，小公司的管理者就要适应形势，变革思维，勇于创新，由血流成河的红海转向开发碧海蓝天的蓝海，推动公司走向新生和强大。

血腥的红海时代，路在何方

市场发展到一定程度，资本越来越集中，竞争也必然越来越残酷，尤其在国内，消费增长比投资增长慢，必然会导致生产过剩的时代提前到来。

所谓的“红海竞争”，描述的就是在这种环境下公司之间的竞争，其一个主要特点就是血腥。新老公司、大小公司在已知市场空间中进行惨烈的竞争，刀光剑影、你争我斗、你死我活，竞争趋于白热化，充满着血腥味。

在红海市场中，资本集中导致产品竞争的差异化程度越来越小。对于资金、规模、实力都难与大公司相提并论的小公司来说，要想从红海中突围，就要适应形势，及时转换思维，从“红海竞争”转向“开发蓝海”。要想方设法进行创新，不断开发新点子、新技术、新市场，不断寻找和开辟自己的生存蓝海。

缺乏创新能力，创新做得不好，小公司要赢得竞争、获得发展就面临着严重的“瓶颈”。

有一位经济学家把公司成长的制约因素归纳为市场约束、要素约束、创新约束，并且认为，创新力是公司的最核心的竞争力、最重要的利润源。的确如此，公司要做大做强，内部管理、市场营销这些基础性的工作都需要去抓，但是如果忽视了创新，就失去了竞争力，失去了生命力。

小公司要将创新列为公司的核心业务，这不仅是公司自身发展的需要，更是适应越来越严酷的市场竞争形势的需要。不创新，创业就得不到发展；不创新，创业就会落后，直至被淘汰。对于已有一定发展历史的小公司是如此，对于刚建立不久的小公司则更是如此。

美国花旗银行公司总裁约翰·里德指出："如果有谁认为今天存在的一切都将永远真实存在，那么他就输了。"现代公司置身的时代是一个大变革的市场经济时代，是一个日新月异的时代，也是一个竞争日益激烈的时代。在这样一个时代，市场随时都会掀起翻滚的浪花。对于小公司而言，遇到的变化是无处不在、时时都会发生的，如果不能根据变化的环境及时调整策略，那么只有死路一条。

创新是公司发展永久的发动机，也是公司经久不衰的永恒主题。小公司只有不断创新，根据变化采取相应的行动，才能找到出路，重新获得成功。小公司要想从红海中顺利突围，做强做大，就必须通过创新这一关口。

▶ 由血流成河的红海转向碧海蓝天的蓝海

在市场竞争中，有"红海"和"蓝海"两种海洋。"红海"是在现有市场空间的血腥厮杀，红海思维这种流血竞争的结果往往是市场越来越窄，公司的获利越来越小，成长越来越慢甚至萎缩。而蓝海思维探索的是尚未开发的市场和消费者内心潜在的需求，其市场空间在不断地成长，公司的利润也越来越大。

根据研究表明，在公司创始阶段，往往有86%的精力用在"红海"竞争上，仅有14%用在"蓝海"开发上——探索未开发的市场或科技；到了公司利润显著成长的阶段，则有62%精力用在"红海"竞争上，38%用在"蓝海"开发上；最后在公司明显获利的阶段，往往把更多的精力投注在未开发领域的探索，此时花费在"红海"的精力仅有39%，而用在"蓝海"的则高达61%。

由此可见，处于现代市场形势下的公司，要拓展自己的生存空间，要取得更大的成功，必须由血流成河的红海竞争转向碧海蓝天的蓝海竞争。

不幸的是，邯郸学步往往是许多公司最喜欢采用的竞争方法。这就是步人后尘的观念，急躁、粗心而又缺乏谨慎的思考。比如凯马特，它曾是现代超市型零售公司的鼻祖。从1990年开始，为了与前景看好的沃尔玛进行较量，它斥资30亿美元，花了3年的时间对原有的800家商店进行了翻新，又设立了153家新的折扣商店。当时，沃尔玛正从乡村地区向凯马特所在的市区扩张。作为回应，凯马特的CEO也效仿沃尔玛，用降低数千种商品的价格来提高自己的竞争力，进而发起了针对沃尔玛的直接进攻。为了弥补其他商品的降价损失，凯马特开始增加能够给公司带来较高利润的服装销售。5年之后，这个付出巨大代价的降价战略被证明是不成功的。凯马特的新店在执行该战略的最初3年里，每平方米的销售额由167美元下降到了141美元。凯马特所采购的服装要么积压在库，要么清仓大甩卖。同时，为了竞争，沃尔玛也将价格降到了同样水平。

这种直接的以硬碰硬、邯郸学步的竞争倾向是一种极具诱惑力的思路，而且一直误导着不少公司。这个推理过程是这样的：如果我们的竞争对手可以通过某种改变来取得成功，那么我们也可以做到。我们只需要效仿竞争对手一些很好的举措，就可以成为市场的领导者。也就是说，如果我们的竞争对手能够生产出一种很好的器材，那么我们也可以。

但是，事实上，竞争对手的改变不一定都是对的，而且它们的改变是根据自身条件所做出的，所以这种急躁的竞争模仿策略会误导许多公司，它们总是套用对手的做法来向对手开展进攻，结果是在错误的道路上越走越远，自己把自己推向失败的深渊。

在强手如林、大公司占据市场主要阵地的现代市场环境中，小公司要想从市场中撕开一条缺口，获得生存和发展的空间，只有两个选择：一个是采取灵活机动的竞争战术，出奇招、用妙计、施巧法、见缝插针、乘虚而入；另一个是转换思路、大胆创新、独辟蹊径、开创大公司忽略或难以涉及的蓝海市场。

只有对市场反应最灵敏，时刻冲在最前面，才能占据市场最佳位置，从而最先获得市场机会，赚得超额利润。这是新时代市场形势下小公司在竞争中要把握的一条重要准则。

变革思维，在红海中勇于突围

蓝海思维强调，公司要回过头来，重新找出并且提升行业竞争中所忽略掉的竞争要素，为客户提供尚未满足的需求。美兆的创办人和董事长曹纯昌就是一位具有卓越蓝海思维的企业家。

美兆是中国台湾一家默默无闻的小型健康检查中心，却突破了台大、荣总、国泰与长庚四大医院的围剿，成为中国台湾健康检查中心的龙头。

曹纯昌经过市场调查，发现台湾健康检查有以下问题：

（1）台湾健康检查市场都由台大、荣总、国泰与长庚四大医院所独占，在医院附设项目，并设有独立经营的健康检查中心。

（2）四大医院的健康检查业务都是面向富裕阶层的，做一套完整的全身健康检查动辄三天两夜以上，上班族和中产阶层没有时间进行检查。

（3）健康检查的费用太高，台北荣总的健康检查收费近2万元。

（4）一般人并非不愿意去做健康检查，而是这些医院的大肠镜检查等侵入式检查过程，使人望而却步，而且当时大型医院的客人都与患者混在一起，很容易交叉感染。

经过全面分析，曹纯昌认为大医院都把健康检查经营的重心放在金字塔顶端的客户，却从来没有满足数量更庞大的中产阶层健康检查需求。而这正好给他提供了机会。在这之前，曹纯昌对蓝海思维已有多次成功运用。

1988年，曹纯昌开始创业，他选择在高雄起家，而不是健康检查人口最多的台北，"因为美兆的规模很小，可以避免被大财团吞并"。

但是，当时台湾的消费者只相信大医院与大牌医生，没有名气的美兆开业头三年，每个月仍然亏损300万元以上，会员数一直是突破不了2000位。

1991年，曹纯昌决定改变思维方式，把客户变成经营者，美兆的营销策略改用直销方式，并且把直销商的佣金由行业标准的四成提升到近六成以上。通过一系列的教育训练，美兆把客户变成营销者，推出以家庭为主的生活卡及公司用户的公司卡，一年内突破会员数10000人的大关，立刻扭亏为盈。美兆这种以客户为导向的营销模式，也是典型的蓝海思维，运用了大医院所不能采取的营销方式，从而在竞争中处于有利地位。

在流程和服务方面，美兆再次运用了蓝海思维，鉴于大医院的健康检查流程缺乏规划，"客户大部分时间都是在等待，很浪费时间"，曹纯昌指出，一般的健康检查中心做了约90个项目检查，一个星期后还拿不到检查报告。相同的检查项目，美兆只要4个小时就可以完成检查，并且由专业医师为客户讲解检查报告，然后当场带走报告。美兆为什么能如此优秀？

曹纯昌指出，美兆成立研发部门，专职引进新技术。美兆把IT行业惯用的生产线管理应用在健康检查流程上，把所有的健康检查仪器与计算机系统连接在一起。

通过多次运用蓝海思维，曹纯昌所领导的美兆医院已成为中国台湾最大的健康检查龙头医院，其业务已扩展到香港、大陆地区。美兆的成功值得所有企业家和经理人学习和反思。

我们经常听到这样的话："现在市场越来越难做了。"我们经常看到这样的场面：为了争夺一块利润已经很低的市场，各商家纷纷打起了价格战，将已十分微薄的利润一降再降，最终两败俱伤，以一片猩红收场，这种红海竞争使公司竞争的成本越来越高。

同类产品在市场上越来越多，竞争越来越激烈，消费者越来越成熟，市场也就越来越难以开拓。因此，小公司的管理者要不断地更新观念，变革思维，打造蓝海商机，进而开创风平浪静、利润无限的碧海蓝天。

▼ 挖掘自身优势，开创生存蓝海

在市场竞争中，能够获胜的往往是占据竞争优势的一方。通过发掘自身的竞争优势，将这种优势最大限度地发挥出来，实现与竞争对手的产品、服务差异化，就能开辟一条与竞争对手截然不同的发展之路，开辟自己的生存蓝海，树立自己的市场新形象，赢得更多的客户，争取到更多的市场份额，实现公司收益最大化。

鲁花花生油通过分析食用油市场发现，该市场的竞争焦点主要有两方面，即不同油种之间的竞争和同类油种之间的竞争。为此，鲁花独辟蹊径，从上市初就定位于自己是花生油，并且一直坚持这样的定位。鲁花成功的可贵之处在于，一直坚持不懈地向消费者传递其定位："鲁花就是花生油，花生油就是鲁花。"这种不断的分类定位强化，使其更加清晰自己在市场上的角色。通过花生油品类的定位，在消费者心目中建立起了认知，从而使鲁花走出了一条与众不同的发展之路，当很多公司都在色拉油和调和油这两个类别中竞争的时候，鲁花却找到了生存的蓝海。

另外，还有美乐淡啤酒和一般高热量啤酒之间的竞争，美乐淡啤酒就是区别于市场上普遍存在的高热量啤酒，塑造了一种全新的淡啤酒形象，赢得广大消费者青睐，不愧是成功的营销战略。由于淡啤酒的市场大幅成长，使美乐淡啤酒（Miller Lite）重新定位为优先选购的领导品牌，以防止被其他淡啤酒影响市场地位——"只有一种淡啤酒……那就是美乐淡啤酒"。

雀巢公司在泰国，把自己的熊牌浓缩牛奶加以改进，又开发出了新的加蜜熊牌浓缩奶。由于蜂蜜在热带国家是一种不常见的食品，产品的这一分类延伸定位收到了很大成效，年销售增长达到了15%。雀巢产品在货架上占据了更多的空间，从而防止了竞争者入侵未被占领的市场。

上述公司竞争策略成功实施的案例说明，好的竞争策略在于能够挖掘公司自身的优势，能够将这种优势得到最大化的发挥，实现公司利润的最大化。

对于小公司来说，如何找到自己的竞争优势呢？百安居中国区总裁卫哲提出，在制定公司竞争策略时，首先应该先问问自己：自己有哪些竞争对手所没有的东西？产品与竞争对手有什么区别？产品的市场定位是否清晰、是否有个性？某一个市场领域自己赢了没有？可以赢了哪些东西？然后再问问自己赢得多不多？还要问问自己赢的东西可持续吗？最后问问自己赢的东西对消费者来说重要吗？

通过这样的询问，就能考虑到自己的产品与竞争对手相比是否具有差异性，产品的优势是否能够长期保持，还是要再做调整。最后，还要考虑产品是否赢得了消费者的满意，只有获得消费者的满意，才能战胜竞争者，才能获得盈利。

当然，竞争策略的制定和实施，会涉及公司内外各个方面、各个环节的因素，并且这些因素是在不断变化的，所以，管理者要在坚持实现公司持续盈利的原则下，坚持扬长避短，充分发挥自身的优势，不断发掘自己的蓝海，赢得市场竞争的胜利。

在商海中做一条反向游泳的“鱼”

一般公司在市场竞争中受阻之后，会通过加大推广力度、培育客户等手段重新发动攻坚战，这不仅要耗费人力和物力，也要花费时间，使公司付出代价。这时，如果调整策略，换个方向，有可能会创造出一片全新的市场。因为各地消费习惯、经济状况各不相同，有些商品在这个地方市场销路不好，并不意味着在其他地方销路也不好。

“七喜”是百事可乐公司收购来的一个品牌。在收购之后，百事公司通过大力度的营销投入来推广该品牌，却一直未能攻破对手的堡垒，而且自己的生存空间受到销量小、份额太低的威胁。百事公司为该品牌如何实现市场突破可以说伤透了脑筋。

经过市场的洗礼，百事可乐公司在进行了深入的市场研究与分析之后，采取了一种截然相反的竞争战术，大胆地走向了极端，走向了“可乐”的反面、对立面——七喜可乐不再与可乐类型的饮料竞争，而是要变身为“非”可乐产品！通过这次大胆的定位，“七喜”终于像一只迷途的羔羊，回到了自己正确的道路，打下了自己一片独立的江山，从而与百事可乐一样，成为一个优秀的饮料品牌。

“非可乐”营销，是非典型竞争案例的一个经典。虽然是无奈之后发现了一条正确的道路，但随着市场的同质化越来越严重，竞争更加惨烈，及时转换方向、另辟蹊径，不能不说是抢占先机，重新取得竞争优势的一个好办法。

中国内地的红木家具在香港市场上不是很畅销，原因是香港人住房面积小，喜欢少占地方的家具；而在西欧则不同，红木产品大行其道，因为西欧人住房宽敞，不在乎占地多少。这就是转换竞争方向、转移市场产生的效果。

一条鱼跟随在一群鱼的后面，在池塘里游来游去，或许永远游不出这块池塘，永远待在这块池塘的小天地里。但如果这条鱼能转换方向，做一条反方向游的鱼，就可能找到一条出口，跳出这块池塘，跃进浩浩荡荡的大江大海里。同样地，一家公司如果和众多竞争对手在已知的红海中对弈、拼杀，不仅会消耗自己的"元气"，而且重要的是，难以开拓新的生存空间，无法获得新的发展机会。

在一条拥挤的跑道上竞走，你很难走在最前面；在一块熟悉的市场上扎堆竞争，你很难成为同行中的第一。而换个方向，转移市场，你就能独领风骚，在自己的市场上任意驰骋，你就是第一，就是老大。

当整个行业进入红海时，小公司的管理者要用自己敏锐的市场观察力和创造力重新打造公司的蓝海市场，保持公司的活力与动力，保持公司的竞争优势。公司的生命力在于不断创新，不断从变化着的环境中寻找新市场，捕捉新机会，创造无限广阔的市场前景。

▉ 灵活变通，东方不亮西方亮

当代商业社会，市场形势不断地发生着新的变化，消费者的需求也在不断地变化着。一件在过去很流行的热门产品，在今天则会显得落后、陈旧，不受欢迎，被打入"冷宫"。一家公司只有不断抛弃落后的观念，抛弃落后的产品，寻找新的市场突破点，才能在市场竞争中占据主动，立于不败之地。综观当代竞争市场，许多公司之所以失败，就是因为其做不到这一点。

管理学之父彼得·德鲁克高中毕业后，第一份工作是在一家历史悠久的进出口公司当实习生。这家公司向印度出口五金产品已有100多年历史，最畅销的产品是一种价格便宜的挂锁，每个月都要出口一整船这样的锁。这种挂锁并不牢靠，一枚别针就能轻易打开。

进入20世纪20年代，这种挂锁的销量开始急速下降。在这样的情况下，德鲁克的老板没有经过深入的市场调查，而是凭自己的想象，主观地认为是由于挂锁的质量不佳导致了销量下滑。于是他组织公司技术人员重新设计了挂锁，使它更牢固，但是销量依然没有起色，4年以后这家公司宣告破产。

而这家进出口公司的竞争对手，一家规模只有它十分之一的小公司，意识到它的失败其实是一种市场需求变化的征兆。对于大部分居住在农村的印度人而言，挂锁只是一个神秘的象征，在笃信宗教的印度农村，没有哪个小偷胆敢去开启一把挂锁，因此挂锁的质量无关紧要，甚至钥匙都从来没有被用过。提高挂锁质量的做法，对于这批消费者来说，费力不讨好。但是，住在城市的印度居民，出于安全的考虑，希望有一把真正坚固、好用的挂锁。重新设计的挂锁，仍然没有满足这部分消费者的需求，因此失去了销路和市场。

了解到市场需求的变化，这家小公司开始着手设计新型挂锁，在技术做了创新，制造了两种不同的产品：一种没有锁和钥匙，只是一个简易的启动松脱装置，主攻印度的农村市场，售价比老式挂锁低1/3，推出后在印度农村十分畅销。另一种产品，在提升质量的同时，配备了三把钥匙，主攻印度的城市市场，虽然售价提高了两倍，仍然受到印度城市居民的欢迎。

不到两年的时间，这家小公司就成了向印度出口五金产品的最大的欧洲公司，并维持这一地位十年之久。

在上述案例中，小公司适应市场变化，及时推出了崭新的产品，因而大获成功。而那家老公司墨守成规，抱残守缺，不能随着市场形势的变化革新产品，因而走向失败，被市场淘汰。

市场竞争中的获胜者，并不是用了什么特殊手段，只不过是比对手多想了一点点，多使用了一点点新方法、新技术。可是就这一点点足已使前者先机尽占，后者一败涂地。这听起来似乎有点不可思议，其实细想一下，于情于理。因为商战获胜者用的并不是见不得人的手段，有时他们只不过比对手会变通而已，正所谓"东方不亮西方亮"。

事实证明，在市场竞争的较量中，能够灵活变通，大胆创新，对于突破困境、争夺市场、赢得竞争优势、发展公司是大有益处的。但如何灵活变通，还需要注意以下一些问题。

一是要善于观察市场行情，留心市场的需求，既要准确地把握市场现实的需要，也要研究市场潜在的需求，抓住市场变化的特点和规律，先机应变，争取主动。

二是注重优化公司内部的运行机制，能根据市场的变化灵活反应，迅速转换生产和经营方式，紧紧追随市场，在多变善变中出奇制胜。

三是不断提高产品的质量，树立良好的公司形象，以无形的影响力增强消费者选择的倾向性，以争取最大量的消费者，从而保证公司在应变市场的过程中建立良好的口碑，赢得消费者的依赖和支持，创造稳定和持久的利润渠道。

一次变化就是一次机遇，一次机遇可以转变成一种竞争优势，一种巨大的生产力。其中的关键在于瞄准市场需求开发新产品，以新产品创造新需求，以新需求开辟新局面。对于小公司来说，只有不断变革陈旧的经营方式，紧跟市场形势，灵活创新，开发新品种，向新的领域挺进，才能为公司今后的发展开拓一条崭新的道路。

▼ 将目光投向还没有饱和的市场

科特勒指出："一个细分市场中，如果已经有很多竞争力很强的公司了，那么，进入该市场的吸引力就大大降低。因为这样的市场会有很多实际或潜在的替代产品，会制约该市场价格和利润。"

任何一家公司都不喜欢有太多竞争对手。因为过多竞争者的进入，就意味着自己的市场份额会越来越小，自己的需要投入营销方面的成本会越高，自己要生产更好的产品，并且即便如此努力，自己的利润空间还是在不断下降。这样的市场环境，对于小公司而言，有时候是致命的。

例如，现在的房地产公司，在市场繁荣时，小公司还可以分一杯羹，随着宏观调控力度的加大，市场热潮消退，更多的小公司因为竞争不过大型公司，而被迫倒闭。

所以，对于小公司来说，应当适时转换经营思维，将目光投向那些还没有饱和、没有多少竞争者的市场。

1994年，高温肉制品的竞争异常激烈，"雨润"以敏锐的战略眼光，明智地选择了低温肉制品这一最具增长潜力的崭新品类，选择在"双汇""春都""金锣"对低温肉制品的市场前景看不太清晰、犹豫不决之际，把公司有限资源集中投入低温肉制品这一大类产品的打造上，靠低温肉制品从以高温为主导、铜墙铁壁般的肉制品市场中撕开了一个缺口。

等"双汇""春都"等公司缓过神来已落后一大步，"雨润"已经在消费者心目中占据了低温肉制品这个产品大类的领导位置。尽管1998年以后"双汇""得利斯"与美国"荷美尔"等公司发起了一轮轮低温肉制品猛烈攻势，新产品不断推向市场，但"雨润"这个中国低温肉制品第一品牌的形象已经深深植根于中国百姓的内心世界。

　　"雨润"不走寻常路，没有和大公司硬碰，独辟蹊径，硬是在火爆的肉产品中，细分出了一个还没有被竞争对手注意或者进入的低温肉制品。"雨润"走入低温肉制品市场，满足了一大批有这方面需求的潜在消费者，"雨润"也在市场上占有了一席之地。这就是"雨润"寻找没有饱和的市场的结果。

　　在大公司扎堆、已无多大市场空间可挖、无多少油水可捞的市场上，小公司要想与大公司并驾齐驱，争抢利润，并不是一件容易的事。有时即使费了九牛二虎之力，仍然效果甚微。因此，寻找不饱和的市场，成了小公司发展中必须考虑的问题。那么，又该如何才能找到不饱和的市场呢？

　　要想找到未被满足、不饱和的市场，就应该潜心研究市场，多与消费者沟通，这样寻找到的目标市场，才是真正未饱和的市场。如果只是给产品进行分类，比如，把精装图书做成平装书，如果没有客户喜欢，那么找到的目标市场就是无效的。要在消费者反馈中发现，这样才能找到有广大消费者的市场。

　　另外，还应该对市场进行科学细分，灵活使用细分标准，找到最好的细分市场。

▼ 个性化竞争，让自己独领风骚

盲目从众的做法在当今的社会中是无法立足的。竞争的年代，不仅是实力的竞争，更是个性的竞争。一家公司如果没有自己的独特之处，没有自己潜在的优势，在竞争中就很难占有优势，很容易被对手打败。

马云认为："中国古人提到过十二字的生意箴言'人无我有，人有我优，人优我特'，我认为做生意就一定要做到独特。靠什么吸引客户？靠在经营上以独特的个性和少见的手法，靠在经营商品的新奇与稀有。"

马云曾说："在中国做互联网，主要是要做出自己的特色。人类已经从工业时代走向信息时代，工业时代靠规模、靠资本、靠技术，而信息时代就是靠灵活、靠快速反应、靠创新。创新的源泉就是与众不同，你必须与众不同，坚持走独特的路线，坚持自己的价值体系，坚持做事的原则，不要模仿工业时代的方法。"

也就是说，竞争策略和手段一定要有自己的个性，要有与众不同之处，这样才能吸引消费者的注意力，争取到更多的消费者，扩大市场份额，战胜对手。

"二战"结束后，美日的航线主要由美国航空公司控制，对于日航来说，要想发展自己的业务，非常艰难。为了改变生意惨淡的状况，日航高薪聘请美国飞行员，购置一流的飞机，严保飞行安全和设施的先进，但由于竞争对手也都采取了同样的措施，所以日航在竞争中仍处于劣势。

如何改变这种现状呢？日航决定以改善服务为突破口：世界各大航空公司的服务都大同小异，如精美的食物、和颜悦色的空姐、彬彬有礼的服务……但如果日航能够在飞机上展现日本的传统文化，不就能吸引好奇的西方乘客了吗？于是，日航经过精心设计，让空姐身穿各种款式的和服，在飞机上向客户展示日本的茶道；在送餐时以日本女性特有的温柔指导客户怎样用筷子；为客户服务时以日式鞠躬表示礼貌……这种充满了浓郁日本风情的服务方式，果然引起了西方游客对日本文化的浓厚兴趣，一些原本没有打算到日本旅游的西方人，也纷纷乘坐日航的班机前往日本观光。日航通过改善服务，不与竞争对手拼硬件而赢得了市场。

日航和其他航空公司相比，既没有硬件上的优势，也没有资金上的长处，如果他们和竞争对手做同样的改变，他们也照样无法超越对手。他们选择了对手所没有的东西——以日本文化为突破口，从而改变了自己在竞争中的弱势局面。

日航这种主动开拓市场空白、不与竞争者竞争的竞争思维就是个性竞争，也是一种蓝海思维。

在弘扬个性、倡导创造性的现代社会，个性化竞争应该受到管理者的重视。小公司要想在市场舞台上获得表演和继续表演的机会，就得用别人没有的东西——个性化来博取消费者的青睐，增强竞争的筹码，提升自己的竞争优势，削弱对手的竞争优势。

小公司应当在产品、营销、促销、服务、文化、形象等方面凸显自己的个性，将个性变成自己的竞争力。个性越强，小公司的竞争力就越强。

▶ 剑走偏锋，开辟竞争新战场

鲁迅先生曾经赞扬世界上第一个吃螃蟹的人是英雄。作为小公司的管理者，要有做市场上第一个吃"螃蟹"人的勇气和胆识，要做到敢为天下先，剑走偏锋，不走寻常路。这对于突破公司经营困境，开创一片崭新的市场蓝海是十分重要的。

长期居于世界手表行业销售榜首位的日本钟表公司精工舍，之所以会有这样的成就，就是因为该公司的第三任总经理服部正次的成功的创新战术。

作为钟表公司，一般都会把瑞士这个钟表王国作为对手，来努力提高自己的质量。服部正次也不例外，在他上任初期，他一直把公司的发展方向定为质量赶超瑞士。可结果很不理想，十多年的努力几乎是白费力气。就是在这时，服部正次清楚地认识到与瑞士比质量是行不通了，于是他迅速地带领精工舍另走新路——不再在机械表上比质量，而是研发出比机械表更好的新产品。

有了这个思路后，服部正次就带领自己的科研人员刻苦钻研，终于在几年后开发出了比机械表走时更准确的石英电子表。产品一推出就大获全胜，甚至赢得世界手表销售的首位。

服部正次凭借其独特的眼光，抓住对手忽视的商机，开垦出适合自己公司发展的"处女地"，开辟出一片崭新、广阔的市场天地。

市场经济充满竞争，也充满机会，观念就是效益，思维就是出路。不论是开发产品，还是拓展市场，如果亦步亦趋地拘泥于旧有的思想，那么将十分被动。

在市场竞争中，如果不懂得适时转换思路，就无法做出正确的选择，无法突破困境，无法打开局面。如果发现此路不通就赶快另取他路，那条路被堵死了，没必要非得把它闯开，走另一条路也能看到柳暗花明，说不定景色更加秀丽。在竞争中，我们一定不要犯固执己见的错误，也不要亦步亦趋，跟在别人屁股后面走，只有懂得适时地转换思路，另辟蹊径，才是竞争取胜的保证。

创新精神是推动社会变革的强大动力。敢为天下先，勇于实践，大胆创新，是时代赋予管理者的要求。没有第一个吃螃蟹的人，就没有今天的佳肴；没有无畏的开拓者，人类就无法生存。我们赞美"第一"，就是赞美创新者的勇气。敢为天下先，突破框框、打破教条、破旧立新，才能成为市场竞争的风口浪尖上的弄潮儿。

小公司的管理者应当树立"敢想别人所未想，敢做别人所未做"的创新思维，剑走偏锋，另辟蹊径，善于从市场中寻求空隙，从信息中捕捉商机，从观察中启迪灵感，敢于以一种全新的视角去看待事物。这样才能开发出竞争力强的产品，从而抢占市场先机，赢得主动，在竞争中取得胜利。

打破教条，树立创新竞争思维

公司好比斜坡上的球体，由于受到来自市场竞争和内部员工惰性的影响形成的制约力，有向下滑落的本性；要想使其往上移动，需要两个作用力：一个是支撑力，保证它不向下滑，这好比公司的基础工作；另一个是拉动力，促使它往上移动，这好比公司的创新能力。这两个力缺一不可。公司要稳步发展，必须使企业的拉动力大于制约公司的制约力。公司要发展，就必须打破教条主义、经验主义，不断完善机制，创立有活力的、创造性的公司文化。

现在几乎所有的美国人都知道健怡可口可乐，它是可口可乐公司在20世纪80年代推出的一种减肥可乐。但是并没有多少人还记得“特伯”。其实“特伯”才是可口可乐公司最早的减肥可乐。那么为什么“特伯”失败，而健怡可口可乐能够成功呢?

1962年，可口可乐公司新任董事长奥斯汀的首要任务之一就是发明一种新的减肥饮料。20世纪50年代美国妇女越来越留心食品的卡路里含量了，她们疯狂地努力与肯尼迪总统苗条的身材看齐。1961年，皇冠公司把它的减肥可乐在全国推销，强力冲击可乐市场。在市场调查显示28%的人们密切关注体重之后，可口可乐公司和百事可乐公司你争我抢地追赶减肥可乐。奥斯汀给可口可乐的减肥饮料研究编码命名为“Q计划”，投入的大量人力和精力丝毫不逊于后来在健怡可口可乐上的投入。

　　问题出现在对新产品的命名时。汤姆·劳——芬达饮料公司主管营销公司的"一把手"，论证说应该把它取名为健怡可口可乐。但遭到奥斯汀的厉声驳斥："这个建议简直是异端邪说，为什么公司要拆分自己的招牌，而将其用到另一种减肥饮料上呢？况且，难道另一种带有可口可乐名字的产品不会削弱商标，搅混客户，影响已经低迷的装瓶商士气吗？"最终新产品选定TaB（特伯）的名字。

　　因为公司对这种新生的健怡饮料态度含糊，特伯没能成为减肥饮料市场的主控饮料——美国整个软饮料消费中1/10多都消耗在减肥饮料市场上。截至1964年，特伯只在这个关注体重者的市场上占据10%的份额。'饮食百事"也在那年首次亮相，因为百事可乐公司不像可口可乐公司有太多的传统羁绊，于是它抓获了更多的市场份额。

　　随着市场形势的变化，1980年可口可乐公司新任CEO郭思达和戴森重新开始了生产减肥饮料的计划。健怡可口可乐这种新产品将会构筑一条"延伸的生产线"。时机与民意相得益彰：消费者没有减少可乐饮料的消费量，但由于减肥时尚的开始，他们的消费方向也发生了相应的转移。

　　这一次不同的是，整个工程的重点在于使用了可口可乐名字的"商标权"。他们深信，健怡可口可乐会给公司带来活力。就像在1980年给公司高层的备忘录里说的那样："过去几年，我们的公司形象已经沦为传统、固定和保守。"郭思达指出可口可乐公司的被动时代应该结束了。

　　"不能适应就要落后或者被淘汰——不管现在的位置有多高。"他直言不讳："没有所谓神圣不可侵犯的东西。"为了解决竞争问题，郭思达强调他会考虑"修改任何一件或所有产品的配方"。

立竿见影，健怡可口可乐超出了公司原有的期望。1983年年底，它已经占领了均衡苏打市场17%的份额，成为美国饮料界第四大畅销产品，并且占领了28个海外市场。重要的是，健怡可口可乐打破了死板的教条，为可口可乐公司注入了活力。

在一般意义上说，应变素质已经成为公司一种新的竞争能力。谁能及时地正确洞察社会变化，并能做出最迅速的反应，谁就将走在前头；而头脑封闭、反应迟钝、因循守旧、故步自封的人，就会一再地坐失良机，被淘汰出局。

现代社会的竞争之激烈，是历史上任何一个时代都无法比拟的。生活于这样一个变化多端的社会，小公司的管理者需要具有灵活而敏捷的应变能力，审时度势，综观全局，于千头万绪之中找出关键所在，权衡利弊，及时做出可行的判断与行动。

总之，创新不是空洞抽象的，从根本上说就是要打破旧框框，突破传统观念的束缚，冲破教条主义的思想禁锢，把创新作为灵魂、动力和源泉，用创新的思路谋发展，用创新的措施破解公司发展和竞争中的难题。

▌ 创新为王，激活创新力升级竞争力

创新决定公司的兴衰成败。当今世界，信息经济的浪潮一浪高过一浪，互联网、移动智能等高科技不断改变着人们的生活和观念，重塑着商业的形态和格局，任何一家公司若跟不上飞速发展的时代步伐，没有创新的理念，就没有市场立足之地。

社会形势、市场环境及公司自身的变化，要求公司不断更新经营理念和模式，开展各种形式的创新，以适应新形势下市场竞争的需要。作为小公司的管理者，要深刻认识到这一点，针对市场的变化及时调整公司的经营目标和策略，在管理、制度、产品、技术、营销、服务等各方面进行变革创新，以此激活公司，增强公司竞争力。

小公司实施创新，主要有以下三种方式。

1. 调整经营目标，做好实施工作

创新的核心问题是对公司的经营目标进行重新定位。这就要发现客户新的或正在变化的需要、爱好、重视的属性，开发新产品、新服务或采用更好的方法，满足客户的需要。公司内部应形成鼓励创新的公司文化，建立适当的组织结构、经营系统、管理程序、激励制度，使创新活动成为公司的日常行为。

不过，有了创新的好点子，并不等于说就能赢得市场，取得竞争优势，进而提高经济效益。有些公司的创新方案遭到惨败，多是因为创新方

案得不到有效的实施。因此，公司要加强创新方案的执行力度，组织相关人员做好创新方案的落实工作，通过跟踪、反馈等来修订、完善创新方案，确保创新方案得到切实、完美的执行。

2. 找准市场空白，满足客户需求

小公司或新公司主动挑战市场领先者常会失败，不过也有少数挑战者不仅没有失败，反而赢得了极大的市场份额，有些甚至发展成为新的市场领先者，这些公司之所以能够取得巨大成功，就在于其敢于打破行规，大胆创新，发掘市场空白。

要寻找市场空白，首先要找出被目前的竞争对手忽视的一个细分市场，然后再根据这个市场客户的需要，设计产品及其营销体系。聚焦于一个小型、适当的细分市场，几乎不会与竞争对手竞争，从而占领该小型细分市场。

3. 打造核心能力，时刻走在前列

随着产品生命周期的逐渐缩短与公司经营日益国际化，公司竞争的成功主要依赖采用新技术、开发新产品与开拓新市场等核心能力。在考虑公司发展时不能有短期行为，要有长远的规划，要从区域立足发展到全国经营，要从开辟地面市场发展到网上开拓市场，必须做实、做强自身公司的核心业务，不断增强核心竞争力。

提升公司的核心能力必须适应公司外部环境的变化。随着经济全球化，公司竞争对手的数量不断增加、规模不断扩大，公司必须及早确立核心能力的发展战略，并不断创新竞争方式和运作方式，形成核心能力的突

破性进展，使自己走在前列。

　　小公司的管理者要视创新为公司的生命，把主要精力放到公司创新机制、创新精神的"灵魂"创新上，尽快转变经营理念，抓住核心环节，突出"灵魂"创新，全力提升公司未来的竞争实力。这样，才能牢牢把握公司市场竞争的主动权，不断超越同行，超越自我，立于不败之地。